中国企业的超越追赶

彭新敏　吴晓波　吴　东◎著

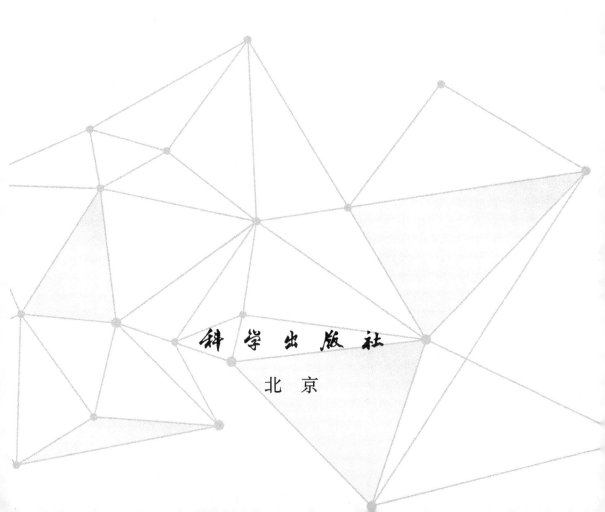

科学出版社

北　京

内 容 简 介

　　中国企业从追赶到超越的生动实践引发了国内外理论与实践者的高度关注与探索热情。本书基于中国企业追赶过程中所面临的技术、市场等独特情境，分析了后发企业面临的不同机会窗口性质，并采用双元性、动态能力、联盟组合、资源拼凑等理论视角，阐述了中国企业如何利用机会窗口实现超越追赶的内在逻辑。基于长期扎实的案例研究，本书深刻挖掘了海天集团、慈星股份、海康威视、舜宇光学、宁波韵升、均胜电子、海伦钢琴七家企业实现超越追赶的过程与机制，为后发企业的超越追赶实践提供了从理论到行动的规律性认知。

　　本书适合作为企业家、经理人、政府官员获取创新与追赶知识的学习指引，也可供管理科学领域高年级学生、对创新与追赶感兴趣的研究人员及社会人士阅读。

图书在版编目（CIP）数据

中国企业的超越追赶 / 彭新敏，吴晓波，吴东著. —北京：科学出版社，2020.9

ISBN 978-7-03-064799-3

Ⅰ. ①中…　Ⅱ. ①彭…　②吴…　③吴…　Ⅲ. ①企业发展－研究－中国　Ⅳ. ①F279.23

中国版本图书馆 CIP 数据核字（2020）第 058231 号

责任编辑：杭　玫 / 责任校对：贾娜娜
责任印制：张　伟 / 封面设计：蓝正设计

科 学 出 版 社 出版

北京东黄城根北街 16 号
邮政编码：100717
http://www.sciencep.com

北京虎彩文化传播有限公司 印刷
科学出版社发行　各地新华书店经销

*

2020 年 9 月第 一 版　开本：720×1000　1/16
2020 年 11 月第二次印刷　印张：10 1/2
字数：230 000

定价：108.00 元
（如有印装质量问题，我社负责调换）

前　言

这是一个最坏的时代，也是一个最好的时代；这是一个高速变化的时代，也是一个知识大量折旧的时代。面临工业革命的兴起，欧美发达国家和跨国公司走在了世界前列，后发国家通过勤奋学习奋起直追，试图以更高的效率来追赶上这些领先国家，从而获得技术能力和市场份额的提升，但这个过程异常艰辛。面临新一代产业革命的兴起，超越追赶的机会窗口正在打开，领先国家和领先企业在工业化时代原有积累的优势可能遭受非线性打击。在这个百年未有之大变局的时代，领先国家和后发国家的领军与跟随的定势关系并非牢不可破，而是在某些行业、某些领域，裂缝已然开始悄悄产生。

正是在这样的变革洪流中，一些后发企业开放并拥抱变革，它们一方面引进消化吸收发达国家先进的科学技术，另一方面也学习到了西方先进的企业管理经验，它们迅速成长并开始趋近行业技术前沿，实现了从追赶到超越追赶的跨越。让我们好奇的是，以华为、阿里巴巴为代表的中国领军企业的崛起，究竟是偶然还是背后有着某种必然作为指引？

带着这样的问题，我们花费了数年时间在庞大的中国工业体系中探索中国企业超越追赶的独特之处。为此，我们寻访和研究了海天集团、慈星股份、海康威视、舜宇光学、宁波韵升、均胜电子、海伦钢琴等一家又一家各行业领军企业。在寻访过程中，我们既是能接触到工业领导人士的业界友人，又是能够保持客观理性的旁观人员。在这些企业的展厅里、车间里、实验室里……，我们发现，在安防、汽车、装备、光学、新材料等一个个原先被发达国家垄断的产业，这些企业用实际行动改变了我国的落后局面。它们在每个追赶时期都能够踩准行业变革的节拍，能够脚踏实地开展技术创新，让技术和产品的价值更有效地满足用户需求，并依靠科学的管理理论的指引实现了超越追赶。

随着研究的深入，我们越来越意识到，立足中国面临的问题，充分利用经济制度转型、多样的技术体制、多层次的市场空间和全球网络化的情境来超越追赶，是中国企业成为具有全球竞争力和高素质增长产业领导者的重要驱动机制。这是一种和欧美日韩等发达国家崛起截然不同的机制，因此中国企业超越追赶背后的规律不应被低估。

当我们将此书呈现给读者时，我们不是在展现一种特殊的中国模式，我们相信超越追赶的原理不仅适用于中国企业，也同样可以应用于全球广大发展中国家，从追赶向超越追赶的转变必将对人类社会的进步产生极其深远的影响，从而真正改变世界经济格局。这是中国用自己的探索和实践留给世界的宝贵财富。

本书得到了国家自然科学基金项目（71772097 和 71232013）和教育部人文社科科学规划项目（15YJA630048）的资助。案例研究是上述课题的重要研究方法，我们对这些给予调研工作大力支持的企业表示特别的感谢。

本书成稿花费了近两年的时间，该过程中凝聚了全体课题组成员的心血，借此机会，对参与课题的宁波大学研究生范璐、张帆、姚丽婷、祝学伟、毛雪莹、史慧敏等表示衷心的感谢！

作　者

2020 年 1 月 7 日

目　录

第1章 绪　论

　　2005 年，世界著名科学期刊 *Science* 为纪念创刊 125 周年，公布了 125 个最具挑战性的科学问题，认为在今后的 25 年，人类将致力于研究解决这些问题，其中第 116 个问题是：为什么一些国家向前发展，而有些国家的发展停滞？

　　中国是向前发展的代表。从宏观层面上看，根据国家统计局数据，2005 年以来，中国在研发上的投入保持连续增长，平均每年增长速度约 18%。2018 年中国研发经费投入总量已达到 19 677.9 亿元，占国民生产总值的 2.19%，具体如图 1.1 所示。根据经济合作与发展组织（Organization for Economic Cooperation and Development，OECD）的统计，从购买力评价看，2014 年中国就已成为仅次于美国的世界第二大研发经费投入国家。

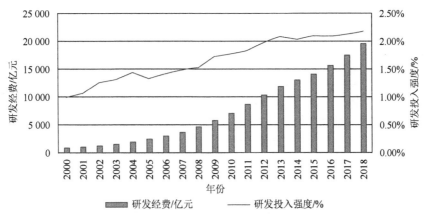

图 1.1　2000～2018 年中国科研经费投入

数据来源：根据国家统计局网站数据整理。

　　中国研发经费投入水平的提高为科技创新实现"并跑"和"领跑"创造了有利条件。尽管中国的很多研究还没有达到真正的世界级水平，但中国研究领域的快速发展无论在深度上还是广度上都是空前的（Fu，2015）。从代表创新产出的专利看，根据世界知识产权组织 2018 年 12 月发布的《2018 年世界知识产权指标》，中国继 2016 年之后再次在专利、商标和工业品外观设计三大类知识产权申请量上全部领跑。报告显示，中国是全球专利数量增长的主要动力，2017 年，中国以

42.0144 万件排名第一，美国和日本分别以 31.8829 万件和 19.9577 万件排名第二和第三。

从微观层面上看，在一些产业领域内，中国企业已积累了一定的知识基础与创新能力，开始进入了技术领跑者的群体（张永伟，2011）。例如，美国知名商业杂志《快公司》（Fast Company）每年发布"世界最具创新力公司 TOP50"榜单，2014～2019 年，中国共有 17 家公司上榜，累计上榜次数 23 次，具体如表 1.1 所示。在 2019 年榜单上，中国有两家公司美团和阿里巴巴进入前 50 名，特别值得注意的是，本次榜单中，美团位居第一，成为首家在榜单上排名第一的中国企业。再如，2019 年 7 月，《财富》杂志发布了世界 500 强公司排行榜，依据这个榜单的数据，人们可以了解全球最大企业的最新发展趋势。从数量上看，世界最大的 500 家企业中，有 129 家来自中国（包括台湾地区 10 家企业），历史上首次超过美国（121 家）。虽然与美国企业相比，中国企业还存在盈利能力低、创新能力不强等问题，但对于中国企业而言，这是一个历史性的变化。

此外，全球最大品牌咨询公司英图博略（Interbrand）每年发布"全球最佳品牌榜单 TOP100"，2018 年中国品牌华为排第 68 名，这是华为连续第五年跻身全球最佳品牌榜单 TOP100。华为是 2014 年首次进入英图博略全球最佳品牌榜单，也是首家进入该榜单的中国大陆品牌，并保持排名持续提升①。

表 1.1　2014～2018 年进入"世界最具创新力公司 TOP50"的中国企业

年份	企业及排名	总数
2014	小米（3）、Rose Studio（24）、瑞雅礼仪（24）、Wild China（24）、Mary Ching（24）、华大基因（37）	6
2015	阿里巴巴（3）、大疆创新（22）、杏树林（25）、豌豆荚（34）	4
2016	华为（13）	1
2017	阿里巴巴（11）、腾讯（12）、小米（13）、步步高（14）、华为（15）、万达（16）	6
2018	腾讯（4）、字节跳动（12）、VIP KID（29）、大疆创新（35）	4
2019	美团点评（1）、阿里巴巴（15）	2

数据来源：根据快公司网站整理，括号内数字为排名。

上述标志性事件表明，经过改革开放四十年的发展，中国企业已积累了一定的知识基础与创新能力，出现了如华为等成功追赶的代表性企业，部分中国企业开始进入接近并挑战行业领先者的超越追赶阶段（beyond catch-up）（Figueiredo，

① 2014～2018 年，华为公司在"全球最佳品牌榜单 TOP100"的排名分别为第 94 名、第 88 名、第 72 名、第 70 名和第 68 名。

2014：Choung et al.，2014：彭新敏等，2017；吴晓波等，2019）：这些企业在产业内通常具有较高的市场份额，虽然尚未达到全面技术领先，但在某些技术领域开始以创新的产品和流程在全球市场上与领先跨国公司进行竞争。少量企业如华为正在趋近国际技术前沿，开始面临"正在本行业逐步攻入无人区，处在无人领航、无既定规则、无人跟随的困境"。①

1.1 超越追赶提出

Dutrénit（2004）把后发企业追赶分为三个不同阶段：最低必要知识阶段、初始战略能力阶段和战略能力阶段，每个阶段的战略重点各不相同，具体如图 1.2 所示。其中，最低必要知识阶段表现为企业竞争的基础是与简单知识基相关的中低层次技术能力，以及与最低必要知识相关的生产能力；初始战略能力阶段表现为企业从简单知识基向复杂知识基发展，为构建战略能力创造条件，与超越追赶阶段基本相对应；战略能力阶段表现企业具有多样化的复杂知识基，并通过知识积累为企业带来竞争优势。

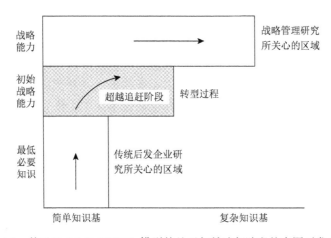

图 1.2　基于 Dutrénit（2004）模型的处于超越追赶阶段的中国后发企业

处于超越追赶阶段的中国企业是后发企业中的一个特殊类别，与初始追赶的后发企业不同，它们已具有一定的知识基础与创新能力，是处于"转型过程"的后发企业（Dutrénit，2004）。这些企业不再是通过领先企业技术溢出进行模仿创新，而是随着能力的累积，以国际领先企业作为追赶目标（吴晓波等，2019），逐

---

① 2016 年 5 月 30 日，任正非在全国科技创新大会上的汇报发言《以创新为核心竞争力 为祖国百年科技振兴而奋斗》。

渐向同时关注学习和创新的范式转变（刘洋等，2013；Choung et al.，2014）。超越追赶阶段的企业一方面积累了最低必要知识，另一方面却尚未构建起与发达国家领先企业同样的核心能力或战略能力，因此在全球化和开放式创新背景下，它们面临着一个新的战略困境：是继续依赖全球领先企业开发新产品和培育新市场，并采用低成本战略实现竞争力追赶，还是努力以领先企业的姿态部署内部研发以开发自己的前沿产品并与对手展开系统竞争（Hobday et al.，2004）？

在超越追赶阶段，后发企业不断接近并挑战领先企业。"接近"意味着后发企业技术能力已得到大幅提高，但与领先企业还存在产品技术性能等方面的技术差距，后发企业仍然具有信息上的相对劣势，特别是后发企业在超越追赶过程中，往往面临着远离领先用户、与主流国际市场隔离的市场劣势；"挑战"意味着后发企业需要在一定程度上对抗领先企业，领先企业不再愿意进行前沿技术转移，传统技术引进会遇到"天花板效应"（张米尔和田丹，2008），加上技术本身亦更加复杂，大多数后发企业不再可能像以前一样通过正式的技术引进渠道来获得先进技术（吴晓波等，2009）。在这一新的发展阶段，后发企业有可能实现从追赶到前沿的转型跨越（彭新敏等，2017），成为具有全球竞争力的一流企业，但这一过程不会仅仅因为企业规模的增加而自动完成，必须经历一次充满风险的"跳跃"（路风，2016）。

基于韩国领先企业的经验研究，Hobday 等（2004）认为处于转型追赶阶段的后发企业战略往往包含一个领导、追随和后发地位的产品组合：有些产品技术先进，其他产品技术并不先进；此外，很多企业在很多产品领域还没有进入创新前沿，即使韩国领先企业也继续在分包和许可协议下生产大批量产品，因此，解决这一战略困境的关键在于综合考虑后发企业所处的追赶阶段、技术能力和产品组合，同一企业可能在不同的阶段或者不同的产品组合中同时实现技术与市场这两个追赶战略。不过，与韩国等新型工业化国家和地区出口导向型后发企业不同，中国企业的追赶实践是在转型的"所有制制度"、多样的"技术体制"、多层次的"市场空间"及新兴的"全球网络"四位一体的情境下开展的（吴东和吴晓波，2013），学习与追赶通常呈现出更为复杂的演化模式，但目前基于中国独特情境下后发企业超越追赶的研究还非常匮乏。

因此，在超越追赶这一新的发展阶段，中国企业既有可能实现从"追赶者"到"领导者"的转型跨越，也有可能落入"追赶陷阱"从而重复"追赶—落后—追赶"的循环（Lee and Malerba，2017），那么，中国企业应该采取怎样的学习和创新策略，才能构筑起创新能力进而成为行业领导者（Hobday et al.，2004；Xiao et al.，2013）？在超越追赶阶段，中国企业面对的技术不确定性越来越大，外生技术的可得性难度越来越高，同时企业的战略和学习模式可能会随着环境的变化而动态演化，但已有关于后发国家创新和追赶的研究大都聚焦在追赶阶段，从技术、市场、能力累积、制度变革等视角来解释后发国家企业的追赶问题（Lee and Malerba，2017），对进入超越追赶阶段的转型行为和策略却没有给出答案。正如 Hobday 等（2004）基于对韩国领先企业的考察所提出的，不仅是韩国，中国及其他快速发展的亚洲经济体都是"下一个创新前沿"，后发企业向技术前沿转型是一个在未来吸引大量注意力的议题，但对这一议题的研究无论在宽度上还是深度上都远远不够。

1.2　相关研究回顾

后发企业指面临技术与市场两种竞争劣势并试图在出口市场展开竞争的企业（Hobday，1995）。后发追赶指后发企业通过改进技术能力和市场能力以弥补劣势、提高价值增值活动的过程（Lamin and Livanis，2013）。存在技术与市场双重劣势的后发企业在与国际领先企业竞争的过程中如何实现追赶一直是理论界与实践界高度关注的问题（Hobday，1995；Kim，1997；Dutrénit，2004；Lee and Malerba，2017）[①]。

1.2.1　后发企业的早期追赶研究

关于后发企业追赶的研究已历经半个多世纪，最早起源于 20 世纪 50 年代 Gerschenkron（1962）对 19 世纪欧洲大陆的研究。70 年代，随着新型工业化经济体（newly industrialized economies，NIE）的崛起，后发追赶研究主要集中考察"亚洲四小龙"，即新加坡、韩国、中国香港地区、中国台湾地区企业的追赶，主要理论基础包括技术创新理论、战略管理理论和国际化理论等。例如，Hobday（1995）通过研究亚洲四小龙电子产业的发展历史，提出了后发企业从 OEM（原始装备制造，original equipment manufacture）到 ODM（原始设计制造，original design manufacture）再到 OBM（原始品牌制造，original brand manufacture）的学习路径；Kim（1997）以韩国产业为例，提出从模仿到创新的动态技术学习过程；Lee 和 Lim（2001）通过对韩国多个产业的经验研究，分析了不同技术体制下不同行业追赶模式的差异，提出了路径追随型（如电子消费品、个人计算机和机械工具产业）、路径跳跃型（如计算机存储器和汽车产业）和路径创造型（如 CDMA（码分多址连接，code division multiple access）移动电话产业）三种不同的技术追赶路径，并强调了内部研发努力在技术追赶中的关键作用；Mathews（2002）则以

---

① 例如，2017 年，*Research Policy* 期刊特别组织了关于后发追赶的专刊，试图从更长的时间维度、更广的产业领域来观察和解释后发国家与企业的技术追赶现象。

亚太地区半导体产业为例，提出了后发企业通过国际化追赶的 3L 框架，即建立关系、杠杆化利用和学习。该框架表明，后发企业能从跨国公司的每一个战略目标或措施中找到互补机会，它们应该及时抓住稍纵即逝的机会，并且以杠杆化方式利用好这些机会并进行组织学习，因此，后发企业可以反复通过建立关系、杠杆化利用和学习来克服自己的竞争劣势（江诗松等，2012）。Ernst 和 Kim（2002）从全球制造网络的角度考察后发企业的追赶，描述了全球生产网络中的网络旗舰企业对发展中国家后发企业能力发展的促进作用。这些基于新兴工业化经济体企业的研究识别了追赶的不同阶段和路径，构成了后发企业追赶研究的重要基础。

　　不过，这些研究也普遍存在两个问题：首先，早期技术追赶文献的重点在追赶周期的早期，讨论的焦点主要集中在如何进入、模仿和追赶上，对后发企业进入追赶阶段后期（如超越追赶阶段）如何行动则没有给予注意，对赶超之后如何更进一步引领技术前沿，已有的文献没有给出明确的回答；其次，已有理论虽然总结了追赶的阶段、路径和关键条件，但并没有回答企业如何在不同阶段间实现"转型"，特别是对新兴经济体后发企业所面临的独特情境仍没有给予足够的关注（Lee and Malerba，2017；应瑛和刘洋，2015）。

1.2.2　新兴经济体企业的追赶研究

　　21 世纪初，随着以"金砖国家"为代表的新兴经济体的崛起①，来自中国、印度、巴西等新兴经济体的企业大量涌现，后发企业追赶研究主体从之前新工业化背景下的企业，逐渐过渡到以中国等新兴经济体国家为主的企业，并出现了多个研究视角和流派。

　　（1）传统学习视角。基于 Dosi（1982）提出的技术范式与技术轨迹的概念，相对于发达国家一次创新的概念，吴晓波（1995）提出了二次创新的概念，即在技术引进的基础上进行的，囿于已有技术范式，并沿既定技术轨迹而发展的技术创新。同时基于 Utterback 和 Abernathy（1975）的技术生命周期模型，按技术在引进时所处的生命周期阶段，进一步提出了二次创新的动态过程模型（吴晓波，1995）。为进一步完善该模型，吴晓波等（2009）以杭州杭氧股份有限公司（简称杭氧集团）为案例对象，分析了企业二次创新从基于第一类技术引进（成套、成熟技术）向基于第二类技术引进（非成套、新兴技术）升级过程中的学习模式动态演化规律，并对技术范式转变期的非线性学习模式（过渡型学习、创造型学习）

① 2001 年，美国高盛公司首次提出 BRICs 概念，用巴西（Brazil）、俄罗斯（Russia）、印度（India）、中国（China）四个新兴市场国家英文名称首字母组成缩写词，因 BRICs 拼写和发音同英文单词"砖"（bricks）相近，因此译为"金砖国家"；2011 年，南非（South Africa）正式加入金砖国家，英文名称定为 BRICS。

与线性学习模式（维持型学习、发展型学习）的辩证演化规律进行了探索。彭新敏等（2011）从网络视角，进一步完善了基于二次创新动态过程的企业网络与组织学习的动态演化过程，发现基于二次创新的动态过程，后发企业的企业网络由小规模、低成员异质性、弱强交替的网络向大规模、高成员异质性、二重网络演化，组织学习由间断型平衡向双元型平衡演化。后续研究中，彭新敏等（2017）又进一步强调了双元学习对于后发企业超越追赶的重要意义，通过对海天塑机集团有限公司（简称海天集团）1994～2017 年的纵向案例研究，发现后发企业由追赶到超越追赶再到创新前沿转型的过程中，双元性学习由分隔型双元向过渡型双元再向自洽型双元演化，同时技术体制多样性提供的技术方向、市场空间多层次性提供的需求支撑与企业能力累积性提供的平台基础共同驱动了这一演进过程。刘洋等（2013）认为，现阶段中国后发企业已经积累了一定的知识与能力，通过领先企业技术溢出进行模仿创新的时代已经过去，开始逐渐向同时关注学习和创新的范式转变，并通过多案例研究，提出了后发企业基于地理边界、组织边界和知识边界的研发网络边界拓展来实现创新追赶的过程与机制。

（2）本土市场需求的特殊性。路风和慕玲（2003）通过对我国激光视盘播放机产业的研究，分析了基于本土市场需求特点的产品创新及企业在技术学习和能力发展上的努力对技术追赶的作用。谢伟（2006）以我国轿车制造企业为研究对象，总结了本土和合资企业在学习行为和创新策略方面的五项关键差异，包括能力类型、结盟对象、上游厂商特征、学习特征和竞争策略上的差异，同时，谢伟（2006）又通过对我国激光视盘播放机产业进行研究后发现，我国本土企业可以充分利用价值链可分性、市场需求多层次性等因素发挥劳动力低成本和本地知识优势，通过外围创新领域的成功来获得竞争优势。陈爱贞等（2008）通过对我国纺织缝制装备制造业的研究，揭示了市场需求影响技术追赶的机制，研究发现下游需求部门动态地引进国外技术和设备，会造成对上游本土装备制造部门的市场空间的挤压和替代，因而制约其技术追赶。

（3）国际化视角。Luo 和 Tung（2007）提出了著名的跳板视角，认为新兴经济体中的跨国企业可把国际扩张作为跳板来获取资源，从而减少制度和市场限制进而避免后发劣势。汪建成等（2008）以广东格兰仕集团有限公司（简称格兰仕）为案例，总结了其技术引进—消化吸收—自主开发的自主创新路径，以及从 OEM 到 OEM 与 ODM 并存，再到 OEM、ODM 与 OBM 并存的国际化路径，并分析了构建技术能力与企业升级的成功因素及存在的问题。陶锋和李诗田（2008）则以东莞电子信息制造业为例，分析了中国内地 OEM 企业融入全球价值链，利用代工客户的产品开发知识溢出，通过引进—消化吸收—再创新进行技术创新。毛蕴诗和汪建成（2009）以广东东菱凯琴集团有限公司（简称东菱凯琴）与深圳市佳士科技股份有限公司（简称佳士科技）为研究对象，分析了制度环境和企业适应性学习的能力对 OEM 企业升级战略选择的影响。Kumaraswamy 等（2012）分析了 1992~2002 年印度汽车部件产业的追赶过程，将其划分为过渡阶段、强化阶段和全球整合阶段三个追赶阶段，并提出了相应的战略重点。其中，过渡阶段战略重点是通过技术许可发展吸收能力，强化阶段战略重点是通过发展强客户关系整合进入产业价值链，全球整合阶段战略重点是通过研发进行知识创造，因此后发企业的追赶是一个动态的过程，企业需要持续地调整追赶战略来适应不断变化的环境，否则很可能失败。

随着新兴经济体国家企业不断"走出去"，现有研究越来越强调跨国并购对后发追赶的杠杆作用。于开乐和王铁民（2008）以南京汽车集团有限公司（简称南汽集团）为例，分析了基于并购的开放式创新对自主创新能力提升的作用。吴先明和苏志文（2014）通过多案例研究，构建了以跨国并购为杠杆的后发企业技术追赶模型，研究发现，当后发企业沿着传统的技术引进、消化吸收、改善提高的追赶路径逐渐接近创新的前沿时，它们将面临缺乏核心技术的巨大威胁，为了保证企业可持续发展，后发企业可通过跨国并购弥补这一关键技术缺口。郑刚等（2016）提出了新型技术追赶的概念，与传统的追赶相比，现阶段在全球化和开放式创新背景下，后发企业追赶体现出起点更高、范围更广、速度更快等特点，并通过对中国国际海运集装箱（集团）股份有限公司（简称中集集团）罐箱业务的纵向案例分析，认为技术并购已成为开放式创新条件下后发企业实现新型技术追赶、快速提升创新能力的重要方式，而动态能力在这一过程中起到了关键作用。

（4）后发国家的制度视角。Xie 和 Wu（2003）以中国彩色电视机行业为例，总结了中国企业追赶特有的五个关键因素：存在大量跨国企业、国内企业的激烈竞争、巨大的国内市场、政府给予国内市场更多自由，以及许多有远见的企业家。Mu 和 Lee（2005）采用 Lee 和 Lim（2001）根据韩国技术追赶经验提出的研究框架来分析中国电信行业，指出该行业实现追赶的三大关键因素：市场换技术战略，跨国公司子公司向本土研究联盟、本土企业的技术扩散，政府的产业促进政策。江诗松等（2011a）通过吉利汽车的纵向案例研究，提出了转型经济制度环境和后发企业能力追赶的共演过程模型，解释了转型经济背景下后发企业管理复杂的制度环境，并实现技术和市场能力的追赶的过程。Xiao 等（2013）从知识产权和公司治理角度研究了中国企业的追赶。许庆瑞等（2013）通过对海尔集团有限公司（简称海尔集团）的纵向案例研究，分析和归纳了转型背景下的企业自主创新能力演化的路径特征，研究表明海尔集团作为以技术引进为起点的企业，其自主创新能力演化是以二次创新能力为起点，向集成创新能力过渡，最终走向原始创新能力的动态累积过程。Gao（2014）则特别强调了政府支持在技术追赶中的重要作用。

（5）其他视角的研究。有的研究强调后发企业进入方式，田志龙等（2010）以中国本土五家汽车企业为案例研究对象，构建了一个关于后发者的经营战略的后入者进入方式—资源弱势克服方式—后发优势实现途径的三要素理论框架。朱瑞博等（2011）以中国本土四家企业等为案例研究对象，从生态位优化视角讨论基于中国低劳动力成本优势、利用必要的互补资产、根据技术成熟度和产品性能优化、采用差异化的架构创新策略以实现追赶。有的研究强调机会窗口的作用，如徐雨森等（2014）认为，创新活动大都是在需求拉动和技术推动两种机制作用下演进的，机会窗口的出现都是在技术轨道变迁和市场需求变化之时，技术升级和需求改变之间的关系是相互促进的，并以宏达国际电子股份有限公司（简称HTC 公司）为例，研究了快变市场环境下基于机会窗口的创新追赶历程及各个阶段对后发企业内在能力的要求；吴晓波等（2019）进一步把机会窗口分为技术机会、市场机会和制度机会，通过两家中国安防行业后发企业追赶过程的纵向案例对比分析，探究了后发企业在以国内领先为目标的追赶阶段与以国际领先为目标的超越追赶阶段，机会窗口与企业创新战略的匹配关系对后发企业追赶绩效的作用机制。

总体来看，现阶段后发企业追赶研究发生了范式转移（曾萍等，2015），在研究情境上，从新兴工业化国家和地区的企业逐渐转移到新兴经济体企业；在研究主题上，从原先重点强调对技术能力和市场能力的累积，逐渐转移到创新能力的提升。不过，现有研究仍存在不足：首先，现有关于中国企业技术追赶的大部分研究往往将西方情境或亚洲追赶情境下的研究理论直接运用于中国情境，忽略了对影响技术追赶的时代特征和中国情境特殊性的关注。尽管已有研究识别了中国企业技术追赶的一些特殊因素，但这些因素与许多新兴经济体甚至发达国家还有很多类似之处，忽略了中国本土情境因素的特殊作用机制，特别是从动态视角切入对追赶行为与模式演化过程的研究更为匮乏（吴东和吴晓波，2013）。其次，这些研究对后发企业内部的学习过程普遍采用了一种"故事性叙述"的方式而缺乏理论提炼，对学习的微观机制和过程缺乏足够的讨论，进而限制了其理论概化的能力。随着后发企业技术能力的累积，它们逐渐进入了超越追赶阶段，面临着新的挑战，尤其在中国"四位一体"的独特情境特征下，后发企业追赶行为仍需要全面深入地挖掘。

1.2.3 研究问题及意义

针对后发企业超越追赶阶段学习与创新研究的不足，我们试图回答以下两个研究问题：后发企业如何实现从追赶到超越追赶甚至到行业前沿的递进？这一递进过程背后的驱动机制又是怎样的？我们结合中国特殊情境下的具体追赶实践，深度剖析后发企业所处的独特管理情境，探索后发企业追赶模式演进及其背后的驱动机制，为中国后发企业在全球化、复杂且相互冲突又快速变化的环境中有效实现追赶提供新的解释，这对于后发企业学习与追赶具有重要的理论意义与现实价值。

首先，在理论贡献上，本书丰富了后发企业技术追赶的相关理论。与以新型工业化经济体企业为对象的早期技术追赶研究相比，本书的研究对象是处于超越追赶阶段的特殊后发企业。进一步，与已有的侧重于某个主题的后发追赶研究相比，本书采用了基于后发追赶、技术创新、双元学习与联盟组合等多种理论，集中考察超越追赶情境下中国制造企业创新能力提升及其动态演进规律，从不同理论视角对后发企业技术追赶模式提供了一个整体的图景，从而深化了现有后发企业追赶与学习理论，也响应了学术界对情境化中国管理研究的呼吁（Tsui，2004；郭重庆，2011），丰富了情境化的中国管理研究文献。

其次，在管理实践上，本书可为后发企业进行超越追赶提供指导。本书较为系统地呈现超越追赶阶段中国后发企业学习与创新的规律，这将有助于大量中国本土企业理解新情境学习和创新的决策机制，特别是为从追赶到前沿转型的后发企业提供理论指导，寻找到解决转型战略困境的思路，同时也可为其他新兴经济体后发企业成功进行技术追赶提供决策参考。此外，从更广层面的意义上看，在中国企业迅速追赶并站到世界前沿的今天，系统地研究中国企业技术学习与追赶理论，可以帮助企业大幅度提高创新能力进而实现经济的转型升级。

1.3　案例研究方法

本书以中国领先企业为研究对象，基于后发追赶、技术创新与组织学习等理论的交叉整合视角，探讨"后发企业如何进行超越追赶"这一基本问题。本书的研究问题涉及"如何"这一详细过程，而案例研究正适合回答"怎么样"和"为什么"之类的问题（Eisenhardt，1989；Yin，2014），因此本书选择了纵向案例研究方法。相对于其他研究方法，纵向案例研究最重要的价值在于突出情境、展示过程和揭示关系（黄江明等，2011）。首先，本书要识别案例企业纵向发展过程中的多个关键事件，寻求其在追赶动态过程中涌现出的战略选择与结构变化，因此要对现象的细节进行丰富的故事性描述，而"更好的故事"偏向于单案例研究，尤其是过程理论的单案例研究（黄江明等，2011）。其次，纵向案例研究因为更贴近理论概念（Siggelkow，2007），可以展示现象随着时间变化而发生变化的过程（Yin，2014），并揭示随着时间的演变，现象背后隐含的动态机制是如何起作用的，有利于读者更深刻地理解理论和现象，最终构建起"过程理论"（van de Ven and Huber，1990）。正如Siggelkow（2007）、Langley（1999）所提倡的，对于关注情境与过程的研究，纵向案例研究方法是非常合适的。

本书的研究对象是进入超越追赶阶段的中国企业，因此案例选择分布于不同制造行业的、历史较长的、代表性较高的中国上市公司。首先，主要选取细分行业内的领先企业。中国制造业的追赶与创新取得了全球瞩目的成就，因此本书主要选取制造行业中的代表性企业，其中一部分还是行业内的冠军企业，它们不仅在自己的细分市场占据着前三的市场份额，而且都是各自领域技术创新的领导者①。其次，所选择的案例企业需同时为上市公司。上市公司具有较为丰富的外部数据，便于我们获取较为全面的企业发展信息。最终，我们从塑机设备制造业（海天集团）、横机设备制造业（宁波慈星股份有限公司（简称慈星股份））、安防设备制造业（杭州海康威视数字技术股份有限公司（简称海康威视））、光学产品制造业（舜宇光学科技（集团）有限公司（简称舜宇光学））、新材料制造业（宁波韵升股份有限公司（简称宁波韵升））、汽车零部件制造业（宁波均胜电子股份有限公司（简称均胜电子））、钢琴制造业（海伦钢琴股份有限公司（简称海伦钢琴））七种不同类型的产业内，各选取一家实现了超越追赶的中国制造企业进行纵向案例研究，案例企业基本情况如表 1.2 所示。

表 1.2 七家案例企业基本概况

序号	企业名称	主要产品	行业类型	上市时间及地点	追赶特征简要总结
1	海天集团	注塑机	专用设备制造	2006 年，香港	通过结构双元模式的及时切换实现了超越追赶
2	慈星股份	针织横机	专用设备制造	2012 年，上海	通过次序双元进行结构转换实现了超越追赶
3	海康威视	安防设备	安防设备制造	2010 年，深圳	根据技术机会窗口构建动态能力实现了超越追赶
4	舜宇光学	镜头、手机摄像模组等	光学产品制造	2007 年，香港	根据不同机会窗口构建相应的联盟组合实现了超越追赶
5	宁波韵升	磁性材料	新材料制造	2000 年，上海	通过资源拼凑模式的动态切换实现了超越追赶
6	均胜电子	汽车零部件	汽车零部件	2011 年，上海	通过跨国并购构建国际双元实现了超越追赶
7	海伦钢琴	钢琴	钢琴制造	2012 年，深圳	通过双元战略的及时转换实现了超越追赶

1.4 本书章节安排

1.4.1 章节安排

本书共包括八章内容，具体章节安排如下。

---

① 为引导制造业企业专注创新和产品质量提升，推动产业迈向中高端，带动中国制造走向世界，2016 年始，国家工业和信息化部评选了一批制造业单项冠军示范企业和培育企业。

第 1 章绪论。本章介绍了本书研究的现实背景与理论背景，阐述了超越追赶阶段我国后发企业面临从"追赶者"到"领导者"的战略转型挑战。在分析后发企业追赶理论研究不足的基础上提出了研究问题，阐明了案例研究企业的选取，继而明确了研究内容安排与篇章结构，为全书的开展做了充分的铺垫。

第 2 章从分隔到自治：海天集团超越追赶案例研究。中国企业正在从追赶到超越追赶，甚至走到创新前沿，面临从"追赶者"到"领导者"转型的挑战。双元性学习组合了探索与利用两种不同学习的优势，因而成为后发企业突破超越追赶困境的关键机制。本章通过海天集团 1994～2017 年技术追赶过程的纵向案例分析，发现后发企业在由追赶到超越追赶再到创新前沿转型的过程中，双元性学习由分隔型双元向过渡型双元再向自治型双元演化，同时技术体制多样性提供的技术方向、市场空间多层次性提供的需求支撑与企业能力累积性提供的平台基础共同驱动了这一演进过程。

第 3 章次序双元与超越追赶：慈星股份案例研究。双元性对后发企业追赶具有重要的作用，但后发企业如何通过次序双元实现技术追赶的过程机制仍不清楚。通过对慈星股份 1988～2018 年的纵向案例研究发现，后发企业在技术追赶过程中可根据行业技术变革性质开展不同的组织学习，技术范式发生转变的根本性变革期以探索性学习为主导，可由独立的自治机构负责，技术范式趋于稳定的收敛性变革期则以利用性为主导，可在主流机构内完成，同时随着追赶技术难度的增加，企业研发团队由轻量级升级为重量级。技术变革性质、组织学习类型与企业内部要素三者之间的动态匹配，使后发企业有节奏地在探索与利用之间进行转换，形成了次序双元，进而实现了对国际领先企业的技术追赶。

第 4 章动态能力视角下的超越追赶：海康威视案例研究。技术范式转变开启的机会窗口为后发企业提供了重要的追赶契机，但后发企业如何通过动态能力实现技术追赶的过程却仍不明确。通过对海康威视 2001～2017 年的纵向研究发现，后发企业在动态能力的支撑下，感知技术范式转变带来的机会窗口，并通过捕捉和重构能力整合企业内外部资源，实现了从初始追赶向行业前沿的跨越；动态能力支撑了企业在技术范式转变时期内外部知识和资源的协调与整合，企业也需要根据机会窗口的性质促使动态能力由低阶到中阶再到高阶演化。

第 5 章机会窗口与联盟组合：舜宇光学超越追赶案例研究。联盟组合有利于后发企业在机会窗口期获取变革必需的知识和资源来赶超领先企业，但不同性质机会窗口下后发企业如何构建联盟组合进行技术赶超的过程仍未能被充分揭示。我们通过机会来源与机会不确定性两个维度，区分了四种不同性质的机会窗口，并通过对舜宇光学 1984～2018 年的纵向案例研究，探究了不同机会窗口下后发企业构建差异性联盟组合实现技术赶超的过程。研究发现，面对需求和技术两种不同的机会窗口，后发企业会分别构建市场主导与技术主导的联盟组合；当机会不确定性逐渐增加时，联盟组合治理机制将从契约性向股权性转换。

第6章资源拼凑与超越追赶：宁波韵升案例研究。资源拼凑对后发企业从初始追赶趋近到创新前沿具有重要的价值，但现有研究缺乏技术追赶过程中资源拼凑模式动态演化的研究。通过分析中国本土企业宁波韵升的技术追赶过程，研究发现后发企业在从初始追赶到超越追赶再到创新前沿的技术递进过程中，由于受到环境包容性的影响，企业资源拼凑类型经历了由网络拼凑向内部创业拼凑再向顾客拼凑演化的过程，其中网络拼凑促进创业机会的发现和原始技术能力的累积，内部创业拼凑帮助企业突破产品技术限制实现成长，顾客拼凑有利于企业创造并扩大细分市场，实现创新前沿的技术探索。

第7章跨国并购与国际双元：均胜电子超越追赶案例研究。本章主要基于跨国并购、国际双元和技术追赶理论，通过对均胜电子2009~2018年间跨国并购的纵向案例的分析，探讨了后发企业在技术追赶动态过程中国际双元模式的动态演进规律。研究发现，技术追赶与国际双元的实施有着密切的关系，对于后发企业而言，国际双元是一个随技术追赶阶段从次序型双元转变为共时型双元的过程。在转型阶段后发企业采用的是探索性外国直接投资（foreign direct investment，FDI），有助于获得先进的技术知识与创新能力，巩固阶段采用的是利用性FDI，有利于企业市场知识的积累与已有技术能力的利用，在全球整合阶段，采用的是双元型FDI，有助于企业技术能力的系统提升与超越追赶。

第8章从次序到共时：海伦钢琴超越追赶案例研究。本章通过对海伦钢琴1986~2019年纵向案例研究，分析在不同机会窗口下，后发企业如何通过双元战略模式演化来实现超越追赶。研究发现，在初始追赶阶段，需求机会窗口会引导后发企业选择次序双元战略，在超越追赶阶段，技术机会窗口和需求机会窗口的共同作用会引导企业选择共时型双元战略。因此，从追赶到超越追赶阶段，后发企业根据机会窗口的性质，分别选择适应的双元战略，最终实现对领先企业的追赶。

1.4.2 主要结论

全球化、网络化、日益复杂和分散的技术知识使得中国企业进行创新能力提升变得日益迫切（应瑛和刘洋，2015），虽然部分中国制造企业在某些领域也进入超越追赶阶段，但现有研究也没有给予后发企业超越追赶这一现象充分关注（Dutrénit，2004；Hobday et al.，2004；江诗松等，2012）。通过对七家典型中国制造企业超越追赶的案例分析，超越追赶的理论框架如图1.3所示。

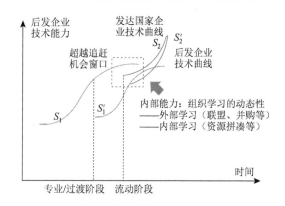

图 1.3　超越追赶的理论框架

注：S_1 和 S_2 是发达国家的技术曲线，S_1' 和 S_2' 是后发企业技术演进曲线。

在图 1.3 中，后发企业一开始由于缺乏技术能力和知识基础，通常在技术生命周期的后期即专业化阶段或过渡阶段切入，沿着 S_1' 轨迹逐渐累积技术能力。由于后发企业可以吸取领先企业的经验，因此技术提升速率相对较快。对于发达国家的企业而言，当原有技术 S_1 发展到极限时，通常率先会出现新技术范式 S_2，此时对于累积了一定技术能力的后发企业来说，打开了一个超越追赶的机会窗口。此时，新技术处于主导技术范式尚未确定的流动阶段，如果后发企业及时抓住这一难得的机会窗口，通过动态性组织学习进入新的技术范式，并根据本土情境进行创新，则有可能形成不同于发达国家 S_2 新的技术范式 S_2'，并在技术能力上赶超发达国家领先企业。具体结论与启示如下。

（1）行业技术变革或市场需求变化是后发企业赶超领先者的机会窗口。后发追赶的机会窗口通常出现在技术范式转换或市场需求变化之时。技术范式转变往往是后发企业技术追赶的最佳时机，后发企业需要通过战略谋划把握技术轨道转变带来的机会窗口（彭新敏和姚丽婷，2019）。一方面，中国地域辽阔，各地发展水平、消费者偏好等存在较大差异，而技术发展有其自身的生命周期与动态性，因此在中国同一产业内往往同时存在多代技术范式或多种技术轨道，如案例企业所在行业都发生了两次以上的技术变革，这为中国企业提供了多重技术选择空间（吴东和吴晓波，2013）。因此，中国后发企业可以充分利用国内多样化技术体制并存的特点，保持对新兴技术足够的敏感性，能够在新一代新兴技术范式到来之前提前谋划，适时地进行技术范式转换以把握追赶的机会窗口。另一方面，中国有着规模巨大、增长迅速、连续多层的国内市场，这又为中国企业开展多层面的技术学习提供了必要的需求机会窗口（谢伟，2006）。尤其对处于向创新前沿趋近的后发企业来说，在全球化、开放的追赶环境下，发展和掌握新的品牌、国外分销与服务渠道等市场资产可以使企业掌握向最终用户提供自己产品和服务的渠道及能力，同时获得向领先用户学习的机会，克服后发市场劣势，甚至洞悉未来技术发展的方向，赢得先发优势。

（2）双元学习在后发企业超越追赶过程中发挥着独特的作用。随着外部经营环境日益全球化、动态化和竞争化，相互矛盾的需求不断加剧（Smith and Lewis，2011），后发企业在追赶过程中面临着更大不确定性的技术变革、市场需求与制度条件，因此后发企业通常需要通过构建双元学习来适应这一严峻、快变的运营环境（Li et al.，2013；Luo and Rui，2009）。企业技术能力的培养是一个主动学习的过程，特别是在后发企业由追赶向创新前沿转型的过程中，双元学习发挥着极为关键的作用（彭新敏等，2017）。对于中国后发企业来说，它们在技术追赶实践中也通常呈现出双元性特征。它们既需要利用成熟技术进行大规模产品生产，也需要探索新兴技术进行新产品开发；它们既需要在全球范围内搜索新技术，也需要将其与中国本地市场相结合。因此，双元性提供了另一种独特的视角，可以帮助我们深入理解后发企业超越追赶阶段的行为和策略。

（3）后发企业需要通过内部结构变化或联盟战略来动态开展内外部学习。后发企业不仅要通过挑选、培训、激励等手段使研发人员胜任新技术开发要求，还要在结构上精心设计，为研发技术选择创建合适的机构（彭新敏和张帆，2019）。在外部合作上，面临需求机会窗口时，后发企业为克服市场劣势，倾向于构建以下游客户为主的联盟组合；面临技术机会窗口时，后发企业为克服技术劣势，倾向于构建以研发机构为主的联盟组合。当机会窗口不确定性程度较低时，后发企业通常采用契约性联盟治理机制；当机会窗口不确定性程度较高时，后发企业通常采用股权性联盟治理机制。因此，后发企业需要通过结构上的有序变化，有节奏地进行组织学习才能充分利用机会窗口实现对领先者的赶超。

第 2 章 从分隔到自洽：海天集团超越追赶案例研究

2.1 概 述

中国企业通常产生与成长于充满冲突和悖论的转型经济体中，经常要面对多重且矛盾的挑战（Peng，2012；Hoskisson et al.，2013），与习惯于在某个阶段选择矛盾的某一极的西方企业相比，中国企业因为要面临各种经济转型过程中的制度空缺，因此在技术创新、成长与演化、对外投资、技术追赶等多方面呈现出明显的双元性特征（Prange，2012）。如 Prange（2012）认为，中国企业由低成本竞争者向全球领先企业转型过程中至少会遇到五种悖论性挑战：由内而外与由外而内、能力利用与能力探索、市场渗透与市场创造、成本效率性创新与营销创新、增长性战略与营利性战略。同时，Prange（2012）通过对奇瑞汽车股份有限公司（简称奇瑞汽车）与中兴通讯股份有限公司（简称中兴通讯）的双案例研究，认为组合上述两种策略的双元性可能是解决这些悖论的首选方案。

在组织学习领域，双元性指组织在同一时间内既从事探索性学习又进行利用性学习的行为（March，1991；Tushman and O'Reilly，1996），而学习在后发追赶过程中一直扮演着重要的角色，相关研究在不同程度上都强调了学习的重要性（Kim，1997；吴晓波等，2009；江诗松等，2011a；2011b）。如 Kim（1997）认为通过有选择地学习而累积的技术能力，是韩国企业能够实现从模仿到创新的关键原因；江诗松等（2011b）发现后发企业要在创新能力上实现追赶，需要强调开放性的学习并在资源摘取和能力构建之间保持动态的协调与平衡；吴晓波等（2006）认为，追赶过程中的技术范式转变期是后发企业赶超领先者的难得的"机会窗口"，企业需要在对现有知识和能力进行开发与对新知识和新技能进行探索之间取得平衡，即构建起双元学习；有的研究甚至直接指出了双元学习对于后发企业的独特价值，彭新敏等（2011）发现，基于二次创新动态追赶过程，中国后发企业组织学习会相应地由间断式平衡向双元型平衡演化。但是，组织行为往往有自我增强的惯性趋向，双元学习很不容易实现（O'Reilly and Tushman，2013），企业可能会由于过分追求新知识、新技术而陷入探索性学习的"失败陷阱"（Levinthal and March，1993），或由于过分关注和依赖现有技术而陷入利用性学习的"成功陷阱"（Ahuja and Lampert，2001）。因此，不是所有试图构建双元学习的企业都能成功，对于后发企业而言，能否进行有效的双元学习已成为其突破超越追赶阶段战略困境的关键，不过，超越追赶阶段双元性对于企业技术创新能力的影响机制较为复杂，仍然存在大量未打开的"黑箱"。因此，对处于超越追赶阶段的后发企业，如何根据内外部环境采用合适模式来构建双元学习仍需在理论上进一步探索。

2.2　文　献　回　顾

根据牛津大学词典解释，双元性起源于拉丁文的词根 ambi（意思是二者都）和 dexter（意思是右侧的、良好的）。相对于那些要么"右手"或者"左手"灵巧的人而言，双元性通常被定义为一个人的双手有着同样技巧的能力。因此，ambidextrous 的字面意思是"在两个方面都正确"，每一只手都有同样的技能，而不是"右手型"或"左手型"的，换句话说，意指"两种都对的，两边都可以的"（孙金云，2011）。

组织理论家采用这个特征作为隐喻来描述组织。在组织情境下，双元性指一个组织在今天所做的工作上有投入，在明天的工作上也有投入。因此，双元性指组织在同一时间内追逐两个彼此相异甚至相互矛盾目标的行为（Tushman and O'Reilly，1996；O'Reilly and Tushman，2013）。自 Duncan（1976）首次使用"双元型组织"来描述能够同时启动创新和执行创新的双重结构组织以来，双元性已被视为组织生存与成功的关键要素。在组织管理领域，存在大量与组织生存及发展相关的张力现象，学者从自己的研究领域和研究视角出发，提出了不同的双元性词汇，现有文献存在着 30 多种不同的双元性概念表述（凌鸿等，2010），双元性已被认为是企业同时解决两个不兼容目标的能力（Birkinshaw and Gupta，2013）。例如，Adler 等（1999）考察了柔性与效率的运营双元性，Levinthal and March（1993）较早提出了探索性学习与利用性学习的学习双元性，Benner 和 Tushman（2003）提出了突破式创新与渐进式创新的创新双元性，Gibson 和 Birkinshaw（2004）提出了情境双元性，Lavie 和 Rosenkopf（2006）集中考察了联盟双元性，Han（2007）考察了利润优先战略与增长优先战略的战略双元性，Hsu 等（2013）研究了探索型 FDI 与利用型 FDI 的国际双元性等。

结构双元理论认为，企业通过高度差异化又松散耦合的不同子单元分别开展探索和利用，在整体上可获得极大的竞争优势（Tushman and O'Reilly，1996）。但随着战略联盟等企业网络的兴起，学术界关于如何实现结构双元产生了不一致的争论，并围绕是否需要跨越组织边界提出了两种不同的机制（Raisch et al.，2009；Simsek et al.，2009）。一方面，组织分离是一种有效的机制，但探索或利用过程的外部化会增加对不同事业部进行战略整合的困难，因此组织可以通过在内部建立不同的事业部分别进行探索和利用进而实现自治型双元（Duncan，1976；Tushman and O'Reilly，1996；Benner and Tushman，2003；O'Reilly and Tushman，2004；2013）；另一方面，从外部获取知识有助于企业重构已有知识库，跨域分离是更有效的方式，组织可以通过联盟或并购等方式跨越组织边界来实现分隔型双元（Rothaermel and Deeds，2004；Lavie and Rosenkopf，2006；Rothaermel and Alexandre，2009；Hoang and Rothaermel，2010；Lavie et al.，2011；Hess and Rothaermel，2011；Stettner and Lavie，2014）。

图 2.1　Rothaermel 和 Alexandre（2009）的双元学习分析框架

根据上述两种争论，Rothaermel 和 Alexandre（2009）认为企业在进行技术搜索时需要考虑两种平衡（图 2.1）：一种是内部和外部技术搜寻的平衡；另一种是探索和利用的平衡。其中，组织边界分为组织内部和组织外部两个类别，组织内部指企业独立新建部门或事业部等方式，组织外部包括战略联盟、并购等方式。技术边界是针对企业自身而言的，需要判断其所搜寻的技术是已有的技术还是新颖的技术。如果搜寻的技术对企业来说是新颖的，则为探索；如果搜寻的技术是在企业已有技术范围内的，则为利用。

在图 2.1 中，象限 I 可称为内部利用，指企业通过组织内部挖掘现有技术知识，象限 II 可称为外部利用，指企业通过外部开发现有技术知识；象限 III 可称为内部探索，指企业通过内部获得新技术知识；象限 IV 可称为外部探索，指企业通过外部获得新技术知识。在此基础上，Simsek 等（2009）进一步根据企业双元的实现是否跨越了组织边界，把双元分为跨越组织的分隔型双元和组织内的自治型双元两种类型。Stettner 和 Lavie（2014）则进一步比较了双元性构建中企业内部、联盟与收购三种组织结构分离方式对探索和利用的不同影响。通过对 190 家美国软件企业 1990~2001 年的面板数据分析发现，基于新知识获取和整合程度的差异，企业内部组织更有利于利用，外部收购更有利于企业进行探索，联盟则居于二者之间；通过外部导向的模式如收购或联盟进行探索，同时利用内部组织进行利用会更好地提高企业绩效。不过，正如他们自己所提醒的，该研究发现只是局限于软件产业，其他产业或情境中可能存在不同的内外部组合模式。对于后发企业来说，上述三种双元结构分离方式在技术追赶中的具体组合及适用阶段需要进行深入的探讨。

此外，双元学习是一个动态的任务而不是静态的匹配（Raisch et al.，2009），双元性模式选择面临着外部环境与内部组织的双重驱动，现有研究也主要从外部和内部权变视角探讨了双元性模式选择的驱动机理。Simsek（2009）提出的组织双元性构建的理论框架中，认为组织内部因素中的双重结构、行为情境和高管团队行为整合是决定因素，外部环境因素中的环境动态性与环境复杂性则是重要的调节变量。Luo 和 Rui（2009）同样认为，新兴经济体跨国企业的双元性受到企业内部和外部市场两个层面因素的影响，内部因素包括所有权结构、国际经验、组织技能、战略意图等，外部因素包括市场类型、制度环境、目标市场开放度等。Lee 和 Malerba（2017）认为一个特定的产业体系中的机会窗口可能会在技术、市场和制度或政策三个维度上开启，追赶企业和在位企业对窗口做出的"响应"共同决定了它们相对位置的变化。对于中国后发企业来说，它们在追赶过程中面临着特殊的技术、市场与制度情境（吴东和吴晓波，2013）。因此，基于已有的技术追赶与双元性的理论研究，我们将从技术体制、市场需求和企业能力累积三个维度共同考察它们对双元性学习模式演化的驱动机制。

2.3　研　究　设　计

2.3.1　案例选择

首先，选择国内注塑机行业作为案例研究的产业情境。注塑机行业属于技术密集型装备制造业，技术创新活动较为频繁，行业主导技术呈现出不断变迁的特征，有利于我们观察不同技术范式下国内企业学习与追赶的过程。注塑机主要由注射装置、锁模装置、驱动系统、控制系统四部分运作装置组成。我们根据注塑机锁模装置和驱动系统两种核心技术的变化，并充分考虑国内注塑机企业不同年代掌握的注塑机技术的变化，进而识别出该行业三种典型的技术范式，它们各自的技术特点如表 2.1 所示。

表 2.1　国内三种不同注塑机技术特点对比

技术范式	中小型液压注塑机技术	大型液压注塑机技术	全电动注塑机技术
年代	20 世纪 70～80 年代	20 世纪 90 年代	21 世纪初
注射装置	普通注射	大容量注射	高精密注射
锁模装置	三板式	三板或二板	三板式
驱动系统	液压	全液压	伺服电机
控制系统	继电器和可接触器控制	可编程控制器	专用可编程计算机控制

其次，根据 Eisenhardt（1989）的建议，案例选择应遵循理论抽样原则，亦即所选案例是处于理论发展的需要。根据研究的主题，我们最终选择了国内注塑机

的领先企业海天集团作为案例研究对象。海天集团前身是一家生产小五金件的乡镇企业，于 1966 年在宁波创立，20 世纪 70 年代初开始生产注塑机。1994 年成为国内规模最大的注塑机企业，并自此开启了对国际领先企业的技术追赶。1994～2017 年，销售收入一直保持高速增长，年增长率为 82.8%，2017 年销售总额达到了 101.86 亿元，其中注塑机及其部件销售额为 99.44 亿元，占总销售额的 97.6%，成为全球产量和销售额均第一的注塑机企业。海天集团 1994～2017 年的销售收入如图 2.2 所示。

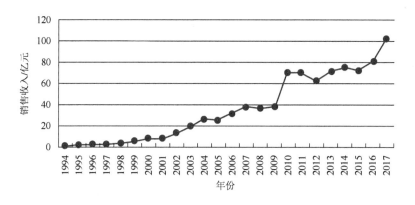

图 2.2　海天集团 1994～2017 年的销售收入

　　基于表 2.1 的三种技术范式，海天集团目前开发的注塑机产品也相应地形成了三大系列，包括基于中小型液压注塑机技术的"天剑"品牌系列、基于大型液压注塑机技术的"海天"品牌系列，以及基于全电动注塑机技术的"长飞亚"品牌系列。此外，世界上锁模力最大的二板式注塑机、行业前沿产品全电动注塑机等产品的成功开发，标志着海天集团在注塑机市场上已经成功地实现了对领先企业的超越追赶。海天集团的技术发展已经历了比较完整的技术追赶过程，非常适合本书的研究主题。

2.3.2　数据收集

　　本书主要采用了深度访谈、文献资料、档案记录等三种不同的数据收集方法，确保通过多样化的研究信息和资料来源以对研究数据进行相互补充和交叉验证（Yin，2014）。不同的证据来源构成了"资料三角形"（Patton，1987），避免了共同方法偏差，有利于验证同一个事实，提高了案例本身的建构效度。

　　（1）深度访谈。从 2012 年开始，共进行了 23 次的面对面企业人员访谈：①企业内部人员访谈。针对海天集团人员访谈 19 次，主要包括中高层管理者、技术经理和高级技术人员。②行业专家访谈。为了解我国注塑机行业发展现状及行业内对海天集团的看法，还对中国注塑机行业协会、宁波注塑机行业协会的负责人进行了 4 次访谈。每次访谈、讨论的平均持续时间约为 2 小时，并在访谈结束 24 小时内，对访谈记录进行整理。

（2）文献资料。①通过中国期刊全文数据库、重要报纸全文数据库、行业统计报告、行业协会刊物等检索与海天集团相关的文献。②通过百度搜索有关海天集团的信息。③通过海天集团网站、政府主管部门网站及宁波塑机网等行业协会网站了解海天集团的相关信息。④通过中国知识产权网（China Intellectual Property Right Net，CNIPR）中外专利数据库服务平台检索海天集团的专利申请情况。

（3）档案记录。①公司年报。查阅海天集团 2006 年香港上市的招股说明书，2006～2017 年的公司年报和中期报告。②公司大事记。海天集团发展史编辑委员会编写的 1966～2013 年海天集团发展过程中的重要里程碑事件。③宣传资料。通过查阅海天集团各时期的内部刊物、合作协议、产品介绍和高层讲话资料等了解海天集团的相关信息。

2.3.3　构念测度

在构念测度上，一方面遵循有利于知识积累的原则，充分借鉴现有文献已有的衡量方法，整理出与案例数据最匹配的测度方法，如借鉴现有研究成果，测量技术体制、市场空间、企业能力累积、技术追赶结果等构念。另一方面，保持相对松散的概念类型（Laamanen and Wallin，2009），使关键构念能从案例数据中涌现出来，如在实际操作中，结合半结构访谈和文献研究，发展不同类型的"双元性学习模式"。

（1）技术体制。Lee 和 Lim（2001）认为，技术体制主要由技术轨道切换、创新频率和外部技术获取三个维度构成。本书研究情境集中在注塑机产业内，创新频率相对稳定，因此主要从技术轨道切换和外部技术获取两个方面来衡量技术体制。

（2）市场空间。也可称为市场梯度，指行业中从低端到高端各个细分市场连续、均匀分布的程度（陈晓玲等，2017）。产业市场空间情况会对产业内企业的市场竞争策略和创新策略产生重要影响。市场空间大，首先，意味着该产业中各种层次的需求均存在；其次，每个细分市场的需求量都达到了一定的规模，需求分布相对均衡，而不是集中在个别的细分市场。因此，从市场规模和市场细分两个方面来衡量市场空间。

（3）企业能力累积。对于机床、通信、汽车等很多装配产品工业来说，为满足多样化的客户需求，通常基于产品平台进行系列产品开发（王毅和袁宇航，2003）。注塑机属于典型的装配制造产品，因此向市场提供产品的自主产品开发平台可以反映企业产品开发经验和知识积累情况（孙喜，2014）。另外，根据 Lall（1992）的技术能力分类框架，企业的产品开发能力按照技术复杂程度可分为三种类型：①基于经验的产品开发，主要根据当地市场需求对产品设计进行微调；②基于搜寻的产品开发，主要提升产品质量、引进和消化产品制造技术；③基于研究的产品开发，主要通过新技术研发来进行内部产品创新。因此，本书通过企业的"产品开发平台"来测度企业能力累积情况，具体指标包括企业技术或研发部门设置情况、政府部门工程技术中心认定等级两个方面进行综合判断，最后确定该阶段产品开发平台是基于经验、基于搜寻还是基于研究主导。

（4）双元性学习模式。基于图 2.1 的双元性分析框架和半结构访谈过程，我们逐步发现了双元性学习模式的测度方式。①判断案例企业有没有进行双元学习。如果案例企业在既有技术范式内开发新产品或对已有产品升级，则为利用性学习；如果案例企业在新技术范式内研发新产品，则为探索性学习；如果在同一阶段内，企业同时开展了两种学习，则判定企业进行了双元学习。需要注意的是，我们的研究集中在组织层面，因此既有技术范式和新技术范式的判定是相对企业自身而言的。②确定案例企业采用何种结构分离方式分别开展利用性学习和探索性学习。如果通过企业内部或者独自新建事业部，则为组织内的学习；如果通过联盟与其他企业合作或并购其他企业，则为跨组织边界的学习。

（5）技术追赶结果。我们把新产品作为分析技术追赶结果的主要单元（Tushman and Murmann，1998），并采用主观指标和客观指标对技术追赶结果共同进行测度（Lee and Lim，2001；江诗松等，2011a）。主观指标通过代表性产品的新颖度进行衡量，客观指标包括新产品销售值占比和专利申请数量。①代表性产品的新颖度。从锁模力、注射量与精密性等技术指标及产品获奖情况度量注塑机产品的新颖程度，并分为国内先进、国内领先、国际先进、国际领先四个等级。②新产品销售值占比。即该阶段新技术范式下所开发的产品在整体销售值中的比例，可以用来进一步确定双元学习的结果。③专利申请数。即企业该阶段所申请的国内外专利数量，作为补充来测度技术追赶结果。

2.3.4　阶段划分

在纵向案例研究中，首先要进行阶段的划分，主要依据是导致研究构念发生剧变的关键事件和转折点（江诗松等，2011a）。我们的研究主题是技术追赶和双元性，根据海天集团不同年代掌握的注塑机技术的变化和经济指标情况，鉴别出企业技术追赶的关键事件如下。1994 年之前，处于构建初始生产能力和必要知识基的起步阶段，主要基于传统液压技术生产注塑机，尚未进行真正意义上的技术追赶，也没有构建起双元学习；1994 年，主要经济指标第一次位于全国行业之首，之后一直引领着国内注塑机行业的技术发展；2001 年，正式启动全电动注塑机的研发；2005 年，与德国的德马格塑料集团（简称"德马格"）的合资到期结束；2006 年，在香港上市；2008 年，"长飞亚"全电动注塑机开始批量生产。因此，考察期选择从 1994 年开始，其中 1994～2000 年为"初始追赶时期"，2001～2008 年为"超越追赶时期"，2009～2017 年为"创新前沿时期"。由于我们主要考察不同时期的转型过程，因此以 2005 年为时间节点将"超越追赶时期"分为前后两段，最终把技术追赶分成两次转型阶段（表 2.2）：1994～2005 年为"从初始追赶到超越追赶"阶段，技术发展方向是注塑机锁模力不断增大，完成了中小型液压注塑机向大型液压注塑机转换；2006～2017 年为"从超越追赶到创新前沿"阶段，高效率、高精密度注射成为行业新兴的发展方向，海天集团掌握了以全电动为代表的高精密度注射技术。

表 2.2　海天集团技术追赶阶段的划分

阶段	从初始追赶到超越追赶	从超越追赶到创新前沿
时间范围	1994～2005 年	2006～2017 年
技术方向	大锁模力	高精密度注射
主导技术	大型液压注塑机	全电动注塑机的兴起
关键事件	1994 年成为全国同行之首	2006 年海天集团香港上市
代表性产品	HTF2500、HTF3600	JU66000、天锐 VE

2.3.5　数据编码

本章采用内容分析法（Strauss and Corbin，1998）对案例资料进行汇总、提炼和分析。首先，将各类案例资料文本化并进行汇总，形成整体性的文字材料；其次，对该文字材料进行数据编码以识别核心构念并进行分类，在此基础上提炼出研究的主题；最后，利用表格对涌现出来的主题进行分析，进而探讨不同主题间的内在关系。资料分析和编码由两名研究人员背靠背独立进行，编码时主要以我们所涉及的主题和构念为参考依据，最后归类表格以技术体制、市场空间、企业能力累积、双元性学习模式、技术追赶结果作为划分依据，如表 2.3 所示。

表 2.3　关键构念测度

构念	测度变量	关键词
技术体制	技术轨道切换	成熟技术、新兴技术、技术发展趋势、技术方向、技术转换、技术变迁等
	外部技术获取	技术许可、专利许可、技术转让、图纸提供等
市场空间	市场规模	市场容量、市场大小、市场增长、增长速度等
	市场细分	成熟市场、原有市场、新兴市场、低端市场、中端市场、高端市场等
企业能力累积	产品开发平台	基于经验、基于搜寻、基于研究、产品设计微调、技术搜索、基础研究等
双元性学习模式	学习类型	已有产品升级、挖掘已有技术、提高原有产品质量、开发新产品、研发新技术等
	分离方式	新建事业部、新建子公司、内部组织、合资企业、跨国并购、合作生产等
技术追赶结果	产品新颖性	企业首次、国内首次、国内最大、亚洲最大、全球最大、国内领先、国际先进等

具体编码和归类过程介绍如下。

（1）数据来源编码。对于访谈调研得到的第一手资料，通过海天集团高层管理者获得的编码为M1，通过海天集团技术经理和高级技术人员获得的编码为M2，通过注塑机行业协会获得的编码为 M3。在编码过程中，对同一来源或文本意思相近的表述只计算为 1 条条目。对于二手资料，通过文献资料获得的编号为S1，通过档案记录获得的编码为S2。通过对数据来源资料的初始编码，得到了一级条目库。

（2）按阶段对一级条目库进行一次编码。将这一级条目按照上述两个阶段进行分类，得到各个阶段的二级条目库。

（3）按关键构念进行二次编码。根据技术体制、市场空间、企业能力累积、双元性学习模式和技术追赶结果五个关键构念对二级条目库中的条目进行二级编码，并将二级编码后的条目分配到五个构念条目库中。其中 2 人同时编码一致的条目才进入构念条目库中，对于意见不一致的条目，由研究小组全体成员讨论确定进入构念条目库或删除。

（4）按测度变量进行三级编码。技术体制构念条目库中的条目根据技术轨道切换和技术获取难度进行编码，市场空间构念条目库中的条目根据市场规模和市场细分进行编码，企业能力累积构念条目库中的条目根据产品开发平台进行编码，双元性学习模式构念条目库中的条目根据学习类型和组织结构分离方式进行编码，技术追赶结果构念条目库中的条目根据产品新颖性进行编码。三级编码过程为，由 2 人各自将各构念条目转化为与测度变量相关的关键词，再将关键词与预设的关键词表进行比对，根据语义的相同或相近确定对应的编码结果。如果 2 人编码结果一致，则肯定该编码结果，否则由研究小组全体成员共同讨论确定。之后，我们又对比了两次追赶阶段相关构念和编码的变动情况，在数据和理论之间来回转换（毛基业和李晓燕，2010），比较了不同追赶阶段的双元性学习模式与驱动因素的变化，最后归纳出追赶过程中双元性学习模式的演化路径，发掘出其中的关键因素与驱动机制。

2.4　案　例　发　现

2.4.1　从初始追赶到超越追赶阶段（1994～2005 年）

20 世纪 90 年代，随着我国经济的快速发展和人民生活水平的迅速提高，塑料制品市场需求不断增长，逐渐从一般的日常塑料品扩展到家用电器、机电设备、汽车零部件、包装材料等新兴领域，因此产生了对大型注塑机的强劲需求，行业主导技术也逐渐从中小型液压注塑机转变为大型液压注塑机。

20 世纪 70 年代初，海天集团领导人意识到塑料制品不断增长的市场需求，开始由原来的小五金厂转向注塑机生产。通过对国有企业的技术学习和自身的技术努力，海天集团逐步掌握了简单的、成熟的小型液压注塑机生产技术，并开发了相应的产品。进入 90 年代，为满足注塑机市场迅速增长及日益多样化的客户需求，海天集团开始建立新产品开发平台，典型事例如 1990 年引进北京化工大学的"注塑机合模系统优化软件"，开始了 HTF 注塑机系列产品开发；1992 年，在企业内部成立了塑料机械研究所，进一步加大了技术开发力度。经过 20 多年的技术学习和积累，并凭借其民营企业的机制优势，在经营上很快超过了其他生产注塑机的国有企业，1994 年综合经济指标首次跃居全国同行之首，技术上也处于国内先进水平。1991 年海天集团 6300 克注塑机试制成功，显示其具备了中小型液压注塑机的开发与生产能力，但与国际领先的注塑机企业相比，其依然缺乏高性能的大型注塑机生产与开发的能力。

20 世纪 90 年代，中国经济的进一步开放带来规模庞大的塑料加工设备市场需求，吸引了世界领先的注塑机跨国企业纷纷来中国投资生产。由于对中国市场不熟悉，这些跨国企业往往通过各种方式与国内企业进行注塑机合作生产，而国内注塑机厂家也通过与跨国公司合作来学习先进制造技术并提高产品技术含量。1996 年，海天集团与来中国寻求合作的德国德马格公司董事、执行总裁弗朗兹先生达成初步合作生产意向。合作的方式是双方共同投资建立合资企业生产高性能大型液压注塑机，由德马格提供图纸和生产技术，海天集团负责加工、销售和售后服务。正如在访谈中集团技术总裁提到的："我们和德国的合作，德国人看中的是中国市场，我们公司初衷就是为了学习技术，签了十年合约，通过合作达到共赢，他们在国内立住脚了，这对我们来说也有好处，获得了技术。"虽然当时合作的大型液压注塑机技术在国外较为成熟，对于国内注塑机企业却是新兴技术，因此为消化吸收德马格高性能的大型注塑机技术，海天集团当年成立了技术开发中心。"他（德马格）是整个图纸过来，包括加工设计，我们技术开发中心先研究、消化，再发到生产部门去加工。"集团技术总裁说道。1998 年，海天集团与德马格注塑机集团合资的"德马格海天塑料机械有限公司"正式运行，同年海天集团另外新建了"大榭海天机械有限公司"继续保持对原有中小型注塑机的生产。为进一步完善产品开发平台，原先建立的塑料机械研究所 1998 年升级为市级塑料机械工程研究中心，1999 年又进一步升级为省级高新技术企业研究开发中心，2001 年海天塑机对原技术开发中心进行重组，在原有技术部和开发部的基础上，新增了研发中心和中试车间两个部门，产品开发平台逐渐从经验主导向搜寻主导过渡。

该阶段，海天集团逐渐掌握了大型液压机技术并开发了一系列相应的新产品。例如，至 2002 年，HTF 机型已涵盖锁模力 60-4000 吨注塑机，逐渐进入汽车塑件等国内大型液压注塑机市场，同时开始向其他国家出口大型注塑机。代表性产品如 1997 年开发出当时中国最大锁模力 2500 吨的注塑机 HTF2500，2002 年开发的亚洲最大锁模力的注塑机 HTF3600。海天的 HTF3600 注塑机，不仅是海天公司发展史上的里程碑，也是国家塑机发展史上的里程碑，代表着我国民族塑机工业的最高水平。具体如表 2.4 所示。

表 2.4　海天集团 1994～2005 年开发的代表性新产品

技术范式	代表性新产品	开发时间	产品性能描述	技术水平
大型液压注塑机技术	HTF2500	1997 年	中国最大锁模力 2500 吨注塑机	国内领先
	HTF3600	2002 年	亚洲最大锁模力 3600 顿注塑机	国际先进

据中国注塑机行业协会统计，2003 年海天注塑机国内市场占有率第 1，全球产量第 1、销售额第 5，产品出口到 50 多个国家和地区，其中大型注塑机销售额已占到公司总销售额的 1/3，形成了较为合理的大中小型液压注塑机市场结构。如表 2.5 所示，2003～2008 年海天注塑机销售数据看，中小型注塑机比例从 68.4%下降到 2008 年的 61.8%，大型注塑机销售比例则从 31.6%上升到38.2%。

表 2.5　海天集团 2003～2008 年两类注塑机的销售比例（单位：亿元）

指标	2003 年	2004 年	2005 年	2006 年	2007 年	2008 年
注塑机总销售额	19.73	25.17	24.67	30.68	37.53	36.07
中小型注塑机	13.50	16.58	17.42	21.98	24.91	22.29
所占比例	68.4%	65.9%	70.6%	71.7%	66.4%	61.8%
大型注塑机	6.23	8.59	7.25	8.69	12.62	13.78
所占比例	31.6%	34.1%	29.4%	28.3%	33.6%	38.2%

资料来源：根据海天招股说明书、企业年报等资料整理。

注：2009 年后海天才正式统计全电动机销售收入。

2001 年，海天集团成立了研发中心，开始有了相关注塑机技术专利申请，该阶段累积申请专利 42 项，如表 2.6 所示。

表 2.6　海天集团 2001～2005 年各类专利申请数

年份	专利总数	外观设计	实用新型	发明
2001 年	9	6	3	0
2002 年	12	1	9	2
2003 年	8	1	7	0
2004 年	9	5	3	1
2005 年	4	0	3	1
合计	42	13	25	4

这一阶段典型引用语举例及编码结果如表 2.7 所示。编码结果显示，从初始追赶到超越追赶阶段，海天集团面临的技术体制特点是两种成熟技术的轨道转换以及较为容易的外部技术获取，同时面临着持续增长的市场规模和不断增加的细分市场。海天集团在基于经验的产品开发平台上，通过合资企业和新建事业部同时开展新产品的探索和对已有技术的利用，最终产品性能从国内领先达到了国际先进。

表 2.7　海天集团从初始追赶到超载追赶阶段典型引用语举例及编码结果

构念	测度变量	典型引用语举例	关键词	编码结果
技术体制	技术轨道切换	20 世纪 90 年代，大锁模力注塑机逐渐成为主流。M2 海天当时还缺乏生产大型注塑机的经验，但是这个技术本身在欧洲很成熟。M1	主流技术 成熟技术	成熟技术轨道切换
	外部技术获取	那个时候跨国公司看中的是中国市场，愿意和本地企业合作。M1 20 世纪 90 年代后，国外注塑机企业纷纷来中国投资。S1	愿意技术合作 国外投资	技术获取容易

续表

构念	测度变量	典型引用语举例	关键词	编码结果
市场空间	市场规模	20世纪80年代以后，我国塑料制品对塑料机械产品的需求量一直保持较高的增长速度。S1	较高增长	市场规模增长
	市场细分	20世纪90年代后，汽车零部件、包装材料等新兴领域对注塑机需求很大。M1	新兴领域	细分市场增加
企业能力累积	产品开发平台	1990年，海天引进北化注塑机合模系统优化软件，为HTF注塑机系列产品开发找到了好工具。S2 1992年，成立海天塑料机械研究所。S1	系列产品研究所	基于经验的产品开发平台
双元性学习模式	学习类型	海天德马格主要经营高性能塑料机械成套设备。S2 我们自己还生产原有的海天牌注塑机。M1	新产品开发原有产品	探索性学习利用性学习
	分离方式	1998年与德马格注塑机集团合资的"德马格海天塑料机械有限公司"开始运行。S2 1998年设立"大榭海天机械有限公司"，主要生产中小型注塑机。S2	合资企业新设立公司	跨组织内部新建
技术追赶结果	产品新颖性	海天的HTF3600注塑机，不仅是海天公司发展史上的里程碑，也是国家塑机发展史上的里程碑，代表着我国民族塑机工业的最高水平。S1 2002年，亚洲最大的HTF3600X/1试制成功。S2	最高水平亚洲最大	国际先进

2.4.2　从超越追赶到创新前沿阶段（2006～2017年）

进入21世纪，随着电子信息、医疗器械、通信设备等行业对塑料制品需求的兴起，注塑机开始向高精密度方向发展，全电动注塑机因其有更高的锁模精度、注塑精度和注射效率，正成为新一代精密注塑机主导技术范式。不过与传统液压注塑机相比，全电动注塑机伺服电机技术、电气控制系统都非常复杂，技术进入壁垒很高。"那个时候（2000年）伺服电机对我们来说还是很生疏，基本上都是进口，国内造一个伺服电机是一件不得了的事情。"（塑机技术总监）另外，国外注塑机企业在熟悉了中国的市场环境以后，不再满足于转让技术合作生产，独资化比例越来越高，在一些高端技术的转让上态度也越来越谨慎。海天集团作为注塑机产量世界第一的公司，成为许多跨国公司的竞争对手，更是难以通过与跨国公司的直接合作来获取相关技术转移。"我们对这个东西（伺服电机技术）很难理解，而且日本当时对我们也是（技术）封锁。"（塑机技术总监）因此，早在2000年，海天集团就在企业内部开始了对全电动注塑机的自主探索，典型证据如2001年海天集团研发中心的研发二部就专门开发全电动注塑机技术、2005年与北京化工大学合资成立了海天北化科技有限公司研究和开发新兴塑料加工技术，同年原省级塑料机械技术中心再次升级为国家级。

　　经过几年的努力，2005 年海天集团自主试制成功了第一台全电动注塑机 HTD86，并开始投入生产，但由于技术尚不成熟，客户购买的产品在使用一段时间后，频频出现机器运行稳定性差、故障率高、制品精度低等问题，产品在市场上遭遇滞销，客户不再下单甚至提出了退货的要求。"2005 年投了 5000 万元，决定造 300 台，当时很贵，30 万元一台销售价，造完以后发现卖不掉，1000 万元再回收利用，总共损失了 4000 万元。"（塑机技术总监）为了突破全电动注塑机技术瓶颈，2005 年底，海天集团开始寻求跨国技术并购的研发策略。"我们当时（2006 年）做的第一件事就是德国收购工厂。"（塑机技术总监）经过一年的搜寻和洽谈，2007 年，海天集团正式收购了德国一家注塑机研发公司长飞亚，并从国内派遣了三名技术人员参与德国研发中心的工作。"我们还有另一个大动作，德国塑机协会主席，我们招聘过来。"（塑机技术总监）2005 年底，海天集团聘请德国塑机协会主席 Franz 教授担任海天发展战略委员会委员，就本公司的业务发展战略向董事会提供意见，随着 2007 年海天对德国长飞亚的收购，Franz 教授正式加入海天集团，担任集团的执行副总裁，负责协调宁波研发部与德国长飞亚研发中心共同开发全电动注塑机。通过中德工程师的共同努力，海天对原来的 HTD 问题取得了突破性技术解决，机器性能得到了极大提升，2007 年 10 月，海天成功开发出长飞亚天锐 VE 系列注塑机，"我们为什么成功了呢？因为 VE 设计的时候，HTD 吃过的苦头在 VE 上得到了解决。"（塑机技术总监）同年，天锐 VE 系列注塑机参加了 10 月份在德国举行的注塑机行业内规模最大的 K 展[①]。"当时 VE 有几个好处，形象变了，外形设计还是依托德国那边，做形象设计和工业美学，这个做完以后就协调了，对国内客户来说就洋气了。"（塑机技术总监）2008 年，海天注册了"长飞亚"新品牌，在国内投资新建了全电动注塑机事业部宁波长飞亚塑料机械有限公司，开始批量进行全电动注塑机生产。"2008 年卖出 83 台，2009 年卖出 153 台，2010 年卖出 500 台左右，2011 年卖出 1000 多台，后来每年大概就是 20%增长。"（塑机技术总监）为进一步提高全电动注塑机性能，2007～2011 年，海天集团与北京化工大学共同完成了一项国家科技支撑计划重点项目，旨在解决精密塑料注射成型的关键工艺，2010 年海天集团又在日本设立了技术中心，初步形成了全电动机技术的全球研发网络，产品开发平台从搜寻主导转向研究主导。2014 年，海天集团在宁波春晓的全电动注塑机新生产基地开工，专门生产 650 公吨以下的全电动注塑机，"现在一个月（全电动注塑机）就能卖 200 多台。"（塑机技术总监）彻底打破了日本厂家对该高端市场的长期垄断。

　　与此同时，2005 年海天与德马格的合资到期结束，合资公司归德马格所有，

---

　　① 德国杜塞尔多夫国际塑料及橡胶博览会简称 K 展，K 为德文 KUNSTSTOFF（塑料）和 kautschuk（橡胶）的缩写。近半个世纪以来，K 展被公认为是当今世界塑料、橡胶工业展中规模最大的国际展览会。

海天集团则通过新成立其他事业部继续生产和改进液压注塑机技术。2007年海天新注册了"天剑"品牌，并在无锡新建了"无锡天剑"子公司生产PL系列通用型液压注塑机；在大型液压注塑机技术上，随着技术的发展，出现了更适合成型容模量较大的二板式注塑机，2007年海天成功开发了大型二板液压注塑机系列产品，并重组了"海天重工"事业部专门生产"海天"品牌中大型液压注塑机；建立了"海天华远"事业部，专门针对国外市场生产和销售注塑机。

该阶段，海天集团在大型注塑机技术和全电动注塑机技术上的代表性产品如表2.8所示。2013年开发了全球最大锁模力的JU66000二板式液压注塑机；2010年中德12名工程师共同研制了长飞亚天润ME注塑机，该机型拥有十多项欧洲专利；2012年第二代天锐VE开发成功，达到了国际先进水平，正如塑机技术总监评价道，"VE现在可以达到90分，和日本发那科（FANUC）的全电动只差10分。"

表2.8　海天集团2005～2017年代表性新产品

技术范式	代表性新产品	开发时间	性能描述	技术水平
大型液压注塑机技术	HTF3000X广本专用注塑机	2006年	首创了国内大型注塑机在汽车行业中的应用	国内领先
	JU66000注塑机	2013年	全球最大锁模力	国际领先
全电动注塑机技术	第一代天锐VE	2007年	获得宁波市自主创新奖	国内领先
	天润ME	2010年	拥有十多项欧洲专利	国际先进
	第二代天锐VE	2012年	新一代高速全电动注塑机	国际先进

该阶段，海天集团拥有了长飞亚、海天、天剑三大品牌，全面覆盖了高、中、低档注塑机市场，国内市场占有率第一，全球产量和销售额均第一，产品出口到120多个国家和地区，在多个国家建立了装配中心和生产基地，成为全球最大的注塑机生产商和先进塑机技术提供商。如表2.9所示，海天中小型液压注塑机、大型液压注塑机和全电动注塑机在2017年的销售额比例分别为54.2%、35.7%和10.1%，形成了老产品和新产品混合的格局。特别是，中小型液压注塑机的销售比例从2009年的68.7%下降到2017年的54.2%，而全电动注塑机销售比例从2009年仅1.1%上升到2017年的10.1%。

表2.9　海天集团2009～2017年三类注塑机产品的销售比例（单位：亿元）

指标	2009年	2010年	2011年	2012年	2013年	2014年	2015年	2016年	2017年
注塑机总销售额	37.58	69.27	68.47	61.80	70.37	74.02	71.62	79.14	99.44
中小型液压注塑机	25.82	42.88	40.41	33.98	41.18	41.65	38.87	44.13	53.86
所占比例	68.7%	61.9%	59.0%	55.0%	58.5%	56.3%	54.3%	55.8%	54.2%

续表

指标	2009 年	2010 年	2011 年	2012 年	2013 年	2014 年	2015 年	2016 年	2017 年
大型液压注塑机	11.33	24.69	25.01	24.33	24.92	27.15	25.99	27.06	35.47
所占比例	30.2%	35.6%	36.5%	39.4%	35.4%	36.7%	36.3%	34.2%	35.7%
全电动注塑机	0.43	1.70	3.05	3.49	4.27	5.22	6.76	7.95	10.11
所占比例	1.1%	2.5%	4.5%	5.6%	6.1%	7.0%	9.4%	10.0%	10.1%

资料来源：根据企业年报等资料整理。

最后，该阶段海天集团在专利申请数上也急剧上升，共有 284 项专利申请，平均每年约 24 项，如表 2.10 所示。

表 2.10　海天集团 2006～2017 年各类专利申请数

年份	合计	外观设计	实用新型	发明
2006	7	0	6	1
2007	6	0	2	4
2008	22	0	16	6
2009	9	0	7	2
2010	18	1	10	7
2011	15	0	12	3
2012	29	0	22	7
2013	24	0	16	8
2014	31	0	26	5
2015	18	0	14	4
2016	52	0	25	27
2017	53	0	39	14
合计	284	1	195	88

这一时期典型引用语举例及编码结果如表 2.11 所示。编码结果显示，从超越追赶到创新前沿阶段，海天集团面临的技术体制特点是成熟技术与新兴技术的轨道转换，外部技术获取受到严重限制，但需求市场仍然持续增长并出现了新的细分市场。海天集团在基于搜寻的产品开发平台上，先是通过并购构建了双元学习，再通过不同内部事业部构建了双元学习，最终部分产品性能从国际先进达到了国际领先。

表 2.11　海天集团从超越追赶到创新前沿阶段典型引用语举例及编码结果

构念	测度变量	典型引用语举例	关键词	编码结果
技术体制	技术轨道切换	与传统液压塑机相比，全电动能达到高精密度注射。M2 21世纪初，新一代注塑机技术全电动开始兴起。S1 未来注塑机发展趋势，中小型是电动化。M1	传统技术 新兴技术	成熟技术向新兴技术转换
	外部技术获取	我们对这个东西（伺服电机技术）很难理解，而且日本当时对我们也是（技术）封锁。M1 全电动机市场一直是日本企业长期垄断。S1	不愿意转移新技术	技术获取变得困难
市场空间	市场规模	2003年，国内对注塑机的市场需求达到了283亿元。S1 市场需求年复合增长率高达9.9%。S1	市场需求大	市场规模不断增长
	市场细分	手机外壳的注塑需要全电动注塑机。M2 新兴的通信、信息技术产业等塑胶制品市场迅速发展。S1	新兴市场迅速发展	市场层次增加
企业能力累积	产品开发平台	2005年与北京化工大学合资成立了海天北化科技有限公司研究和开发新兴塑料加工技术。S2 2005年底，我们开始全球搜寻全电动注塑机技术。M1	高校合作 全球搜寻	基于搜寻的产品开发平台
		2011年与北京化工大学合作的科技项目，荣获国家科学技术进步奖二等奖。S2 2010年，日本技术中心成立。S1	科技攻关海外技术中心	基于研究的产品开发平台
双元性学习模式	学习类型	2007年长飞亚突破各项技术壁垒，成功制造了第一代全电动注塑机。S1 海天新建了"天剑"品牌注塑机，开发了PL系列注塑机产品，进一步巩固了通用注塑机市场份额。S2	第一代新产品原通用产品开发	探索性学习利用性学习
	分离方式	我们当时做的第一件事就是德国收购工厂。M1 本集团于2007年收购长飞亚塑料机械有限公司，该公司拥有来自欧洲各专业领域最优秀的工程师。S2 海天重工的十二分厂专门生产大型二板机。M2 2007年无锡海天建成投产。S1	跨国并购 企业内部	跨组织 组织内
技术追赶结果	产品新颖性	这款全电动注塑机，无论从制造水平、技术水平，还是从配套水平来看，已经达到或接近国外注塑机先进水平。M3 全电动只有我们海天，其他还没有产业化，试制有的。M1 2014年全球锁模力最大的注塑机JU66000通过专家技术鉴定。S1	国外先进 国内首次 全球最大	国际先进 国内领先 国际领先

2.5　案　例　讨　论

2.5.1　双元学习的构建与演化

　　表2.7和表2.11对海天技术追赶阶段的编码结果涌现出了三种不同的双元学习构建方式，同时根据企业实现双元是否跨越组织边界（Simsek et al.，2009），以及Meyers（1990）和吴晓波（1995）对后发企业技术追赶过程中对组织学习的分类，这三种双元性学习模式分别定义为：初始追赶阶段基于联盟的分隔型双元；

超越追赶阶段基于并购的过渡型双元；创新前沿阶段组织内部主导的自洽型双元。每个阶段双元学习的主导模式及演化路径如图 2.3 所示。

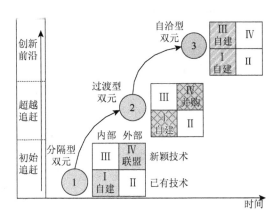

图 2.3　海天从初始追赶到创新前沿阶段的双元性学习模式的演化

（1）基于联盟的分隔型双元，指企业通过内部自建事业部和外部联盟的跨边界组合来同时实现探索与利用（Simsek et al.，2009）。企业既可以通过内部利用和联盟探索的组合构建双元，体现为图 2.3 中象限Ⅰ和象限Ⅳ的组合；也可以通过联盟利用和内部探索的组合构建双元，体现为图 2.3 中象限Ⅱ和象限Ⅲ的组合。本案例中，海天集团在初始追赶阶段采用了象限Ⅰ和象限Ⅳ组合的分隔型双元模式（图 2.3 中①）：在利用性学习方面，新成立了大榭海天机械有限公司继续开发和生产原有液压注塑机产品；在探索性学习方面，则通过与德马格新建的合资企业进行大型液压注塑机的开发与生产。

（2）基于并购的过渡型双元，指企业通过内部自建事业部和外部并购的跨边界组合来同时实现探索和利用。之所以称为过渡型双元，是因为对处于技术追赶动态过程中的后发企业而言，在新旧技术范式交替的特殊时期，还存在一种过渡型学习（Meyers，1990；吴晓波等，2009）。后发企业在完成对引进技术消化吸收、形成一定技术发展能力的同时，又不得不在发达国家新的技术进展或新技术范式出现面前再次落后，发生危机（吴晓波，1995），过渡型学习则是为了适应重大环境变化而探索战略性转变和系统重构的可能，把分析理解外部环境中与己相关的重大事件和信息作为首要任务，为未来发展进行多维的探索（Meyers，1990）。在本案例超越追赶阶段的初期，海天集团为了获得国外正在新兴的全电动技术，即采用了过渡型双元（图 2.3 中②）：一方面海天通过独立事业部继续保持液压注塑机开发和生产，另一方面公司内部研发部门开始自主探索新兴的全电动注塑机技术；在经历了第一次内部探索开发失败之后，又通过跨国收购和引智方式进行跨边界的技术整合，体现为图 2.3 中的象限Ⅰ和象限Ⅳ（外部并购）的组合。随着国内外研发团队的不断融合，海天在一年之后终于成功开发出新一代全电动注塑机，同时，企业基于研究的自主产品开发平台也得到完善，开始进入技术创新的前沿。因此，基于上述理论基础和案例涌现的结果，我们进一步认为，过渡型双元学习是后发企业实现从一个技术范式向另一个技术范式转变的重要准备阶段，是超越追赶阶段双元学习的主导模式。

（3）组织内部主导的自洽型双元，指企业通过在组织内部自建不同事业部以同时实现探索和利用（Simsek et al.，2009），对应于图 2.3 中象限Ⅰ和象限Ⅲ的组合。本案例中，海天集团在创新前沿阶段采用了自洽型双元模式（图 2.3 中③）：在利用性学习方面，通过新注册的无锡天剑子公司进行中小型通用液压注塑机开发，同时又重组了海天重工事业部继续开发和生产大型液压注塑机；在探索性学习方面，则通过新成立的长飞亚事业部进行全电动注塑机技术及产品开发。

综上所述，一方面，在技术追赶的每个阶段，海天都通过新建事业部进行组织结构分离，在空间上了形成相对独立的利用事业部和探索事业部，并且将不同的产品开发任务分配到相应的事业部，这既保持了利用事业部既有的生产与经营惯例，也保证了探索事业部有足够的自由和弹性来发展新的知识与技术，实现了双元学习。另一方面，在不同追赶阶段采用了不同的双元模式：在分隔型双元模式中，企业通过分离不同的任务单元来完成成熟技术追赶中利用与探索的双重任务；在过渡型双元模式中，后发企业通过跨边界的探索和利用的组合进入新兴技术产品市场；当后发企业进入竞争的前沿时，基于内在创新能力的自洽型双元成为企业创新的主要模式，由此形成了双元性学习模式持续的动态演化。

2.5.2　双元性学习模式演化的驱动机制

综合表 2.4～表 2.11 的分析结果，我们总结并比较了海天集团前后两次技术追赶转型的特征（表 2.12）。从技术追赶结果上看，在两次转型追赶成功后，海天集团的创新能力都得到了显著提升：①第一次转型追赶阶段共申请专利 42 项，发明专利 4 项，开发的大型液压注塑机产品达到国际先进水平。可见，这一阶段中，海天塑机已在成熟技术领域累积起了必要的能力基础，成功实现了在大型注塑机技术的追赶。②第二次转型追赶阶段申请专利数增长到 284 项，且其中实用新型专利 195 项，占到总数的 68.7%，开发的大型液压注塑机达到了国际领先水平，全电动注塑机达到国际先进水平，通过有效的双元性学习模式进入了创新前沿阶段。接下来分析后发企业是如何通过技术体制、市场空间和企业能力累积的变化来促进双元性学习模式的演化，并最终实现从初始追赶到创新前沿的递进。

表 2.12　海天集团两次技术追赶特征比较

	相关构念	从初始追赶到超越追赶（1994～2005 年）	从超越追赶到创新前沿（2006～2015 年）
技术体制	技术轨道切换	两种成熟技术间的切换	成熟技术与新兴技术间的切换
	外部技术获取	相对容易	较为困难
市场空间	市场规模	规模巨大	规模更大
	市场层次	多个细分	更加细分
企业能力累积	产品开发平台	基于经验主导→基于搜寻主导	基于搜寻主导→基于研究主导
	双元性学习模式	分隔型双元→过渡型双元	过渡型双元→自洽型双元
技术追赶结果	产品新颖性	大型液压注塑机国际先进	大型液压注塑机国际领先、全电动注塑机国际先进
	新产品销售占比	大型液压注塑机销售比约为 1/3	大型液压注塑机和全电动注塑机销售比分别约为 25% 和 10%
	专利申请数	42 项，外观设计和实用新型为主	284 项，实用新型和发明为主

1. 技术体制的驱动机制

从表 2.12 可以看出，在两次转型追赶阶段，海天集团都通过双元学习抓住了技术体制变化产生的追赶机会窗口，不过前后采用了不同的双元性学习模式。

（1）从初始追赶到超越追赶阶段，主导技术轨道由"中小型液压注塑机"向"大型液压注塑机"转变，属于两种成熟技术轨道之间的转换，技术进入壁垒相对较低。虽然在当时大型液压注塑机技术相对于我国企业是新兴的技术，但是该技术在国外相对比较成熟，如欧洲 20 世纪 50 年代就已经掌握了大型二板式液压注塑机技术，因此，外部知识源较为成熟和完整，跨国公司也愿意向后发企业转移该技术，外部技术知识获取相对比较容易。通过与合作伙伴建立合资企业的联盟方式，既可部分地利用企业已有的技能与知识，又可有效地使用合作伙伴的互补性知识（Stettner and Lavie，2014），因此该阶段海天集团在大型液压注塑机技术上表现出基于联盟的探索性学习，同时通过企业独立事业部大榭海天继续挖掘中小型液压注塑机技术，在两种成熟技术之间整体上形成了跨组织的分隔型双元。

（2）从超越追赶到创新前沿阶段，技术轨道由液压注塑机向全电动注塑机转变，属于成熟技术与新兴技术轨道之间的切换，技术进入壁垒相对增加。全电动注塑机技术在国外也属于新兴技术，该技术的发源地日本也是在 20 世纪 90 年代才比较完整地掌握了该技术，因此国外注塑机企业不愿意直接向中国企业转移该技术，产生了技术引进的"天花板效应"（张米尔和田丹，2008）。此外，全电动注塑机采用了与传统液压注塑机完全不同的驱动系统，对各零部件的精密度也有着更高的要求，企业既需要进行架构创新以改善各元件与核心设计之间的匹配，也需要引入新的元件技术以实现新的核心设计理念（吴晓波等，2009）。因此，这两种技术轨道在知识属性上存在较大差异，导致原有液压注塑机技术的知识积累难以顺利迁移到全电动注塑机开发上，一开始通过内部研发部门探索全电动注塑机技术没有取得成功。通过对德国技术型企业长飞亚的收购，海天集团在电动机领域所必需的技术知识基得到了深化和拓宽，形成了过渡型双元。之后随着跨国研发团队进一步融合，海天集团研发了一系列获得市场认可的全电动注塑机，与此同时，前期探索成功的大型液压注塑机技术也转向了不断完善的利用阶段，海天集团在新兴技术与成熟技术之间形成了自洽型双元。

2. 市场空间的驱动机制

如表 2.12 所示，海天集团两次追赶阶段递进的过程中，注塑机市场空间不断扩大，即表现为细分市场更加多样、每个细分市场需求规模不断扩大：从初始追赶到超越追赶阶段，体育用品、日用塑料品等市场对中小型液压注塑机的需求一直保持着较大的市场规模，同时包装行业、汽车行业等兴起带动了对大型注塑机产品的强劲需求；从超越追赶到创新前沿阶段，传统液压注塑机市场仍然保持着较高的增长速度，同时医疗器械、通信设备、电子信息等行业催生了对高精密全电动注塑机的巨大需求。

新技术轨道或范式的出现和演进并不排斥后发企业在既有技术轨道或范式内持续升级，但前提是企业在不同技术轨道上开发的产品都存在一定规模的市场需求（王钦，2011）。本案例中，连续多层细分注塑机市场的存在给海天集团提供了多重技术选择空间，这不仅提高了海天集团在成熟市场开展既有技术利用的成功率，也给海天集团在新兴市场进行新技术探索提供了资金和经验支持，帮助其克服技术创新的财务风险，为海天集团开展技术层面的双元学习提供了必需的市场基础。更进一步，市场空间的扩大意味着新兴市场的出现，满足该市场需求的产品特性也与以往有着更大的不同，这会促使企业通过更加外部导向的方式如并购研发型公司来弥补缺乏的技术知识，突破技术引进的"天花板效应"，加快新产品开发速度；随后通过技术团队的融合和全球研发网络的建立，企业持续开发出新产品来满足该细分市场不断变化的客户需求，进而也推动了双元性学习模式的演进。

3. 企业能力累积的驱动机制

如表 2.12 所示，在初始追赶向超越追赶再到创新前沿的递进过程中，海天集团的能力累积程度也持续增长。

（1）从初始追赶到超越追赶阶段：经过前期 20 多年的技术积累，海天集团构建了基于经验的产品开发平台，但只具备中小型液压注塑机产品的设计与生产能力，因此其探索性学习策略是首先通过与德国德马格合资获得大型液压注塑机技术。一是该技术基础相对比较接近，易于消化吸收；二是当时企业的能力累积程度也限制了其对更先进技术的追求。海天集团按照德马格产品的要求，对合资企业的生产体系进行整体重组，包括生产流程、质量保障、物料供应、操作规程，以保证生产效率和产品可靠性；此外，合资企业只是负责生产制造德马格的产品，对技术图纸的消化吸收、生产制造技术等由海天集团技术部来完成。最终，通过这次合作，海天集团一方面建立起现代化的生产制造体系，另一方面获得了完整的高性能注塑机产品经验，企业产品开发平台能力得到了极大的提升。

（2）从超越追赶到创新前沿阶段：在该阶段初期，海天集团基于搜寻的产品开发平台已基本建立起来了，提供了较强的新技术学习平台，尤其前期企业内部研发部门对全电动注塑机技术的自主探索，使其具备了对基础属性差异较大的知识的吸收能力，因此可以通过并购其他技术型公司的方式完成对新兴全电动技术的消化吸收。吴先明和苏志文（2014）认为，后发企业技术寻求型海外并购是一个精心设计、带有冒险特征的能力更新过程，成功的前提是后发企业已具有吸收较大异质性知识的能力。因此，该阶段初期，已有一定全电动技术开发经验积累的海天集团通过将跨国并购作为技术追赶的杠杆，实现了在新兴技术上的进一步追赶；之后又随着跨国研发团队的融合、与国内高等院校的合作及全球研发网络的建设，逐步掌握了全电动注塑机的核心技术，顺利跨越了技术创新的鸿沟，产品开发平台逐渐转向研究主导，实现了全电动注塑机系列产品的开发，推动企业真正实现了超越追赶。

综上所述，海天集团在两次转型追赶阶段面临着不同的技术体制、市场空间，自身有着不同的能力累积，也相应地采用了不同的双元性学习模式。首先，技术体制的持续变动为后发企业选择双元性学习模式指明了技术方向；其次，市场空间的持续变化为后发企业提供了有效的需求支撑；与此同时，双元学习构建过程不断增强了企业对更广技术领域的知识吸收能力，从而为企业选择双元性学习模式提供了平台基础。技术体制变化提供的技术方向、市场空间变化提供的需求支撑与能力累积提供的平台基础共同驱动了后发企业在不同追赶阶段选择了最优的双元性学习模式，最终表现为双元性学习模式经历了一个动态的演进过程和后发企业技术能力的持续提升。

2.6　结　　论

2.6.1　理论贡献

基于后发企业技术追赶理论和双元学习理论，本章遵循情境—过程—结果的逻辑框架，通过海天集团1994～2017年技术追赶过程的纵向案例分析，对后发企业技术追赶进程中双元性学习模式演化及其驱动机制进行了系统分析和归纳，揭示了双元学习与创新能力的协同演化规律，最终得出了如下主要结论：后发企业从初始追赶到超越追赶再到创新前沿的递进过程中，双元学习由基于联盟的分隔型双元向基于并购的过渡型双元再向组织内主导的自洽型双元演化，同时技术体制多样性提供的技术方向、市场空间多层次性提供的需求支撑以及企业能力累积性提供的平台基础共同驱动这一演化过程。这不仅有助于我们理解双元性的作用机制，也能更好地了解后发企业如何实现超越追赶。

首先，明确了后发企业从追赶者到领导者的转型机制。在由初始追赶到超越追赶再到创新前沿递进的两次转型过程中，后发企业双元学习发挥了极为关键的作用。双元学习保证后发企业在获得足够利润空间的同时能够在创新资源和能力上进行有效投资，进而推动了后发企业持续成功的技术追赶，顺利地实现了不同追赶状态的转型。由于不同追赶阶段的任务和重点存在明显差异，后发企业在两次转型过程中，双元性学习模式由分隔型双元向过渡型双元再向自洽型双元模式演进。这一动态调整和转换的过程，使得企业能够成功跨越不同阶段的追赶陷阱，实现从初始追赶到创新前沿的持续转变。这一研究结论将后发企业向技术前沿追赶转型进程进一步深化，响应了对更多关注后发企业向技术前沿竞争转型过程研究的呼吁（Hobday et al.，2004：Lee and Malerba，2017），丰富了以创新能力为重点的超越追赶阶段的研究。

其次，增强了双元学习理论在后发追赶中的解释力。彭新敏等（2011）通过海天集团 1971～2010 年纵向案例的研究发现，随着二次创新动态过程的进行，后发企业组织学习平衡会由间断型向双元型演化，但该研究没有探讨双元性本身会如何演化。在此基础上，我们更为精细地考察了海天集团从超越追赶向创新前沿递进过程中的双元模式的构建和演化，新的研究发现不仅支持了双元学习在超越追赶阶段的必要性和重要性，而且进一步发现双元学习构建的不同模式，以更加长期的视野完整地揭示了超越追赶中双元学习的动态演化规律，增强了双元学习理论在超越追赶中的解释力。

最后，推进了对技术追赶过程中双元性演化动力机制的理解。已有的研究往往从宏观或中观层面上采用一种解释型理论构建的方式来描述技术追赶的阶段、关键条件和结果（Lee and Malerba，2017；Landini et al.，2017），对这一过程中企业的动力机制和演化过程是什么甚少关注。本研究立足于后发企业的追赶过程，整合外部环境因素和内部能力因素对双元性学习模式演进的驱动机制进行了考察，发现双元性学习模式演化进程是企业基于技术体制变化提供的技术方向、市场空间变化提供的需求支撑与能力累积提供的平台基础选择最优的双元性学习模式的过程。更进一步地，从初始追赶向超越追赶再到创新前沿阶段，多样化的技术体制、持续扩大的市场空间与企业自身不断增加的能力累积共同驱动了双元学习实现模式的演进。本研究发现将追赶情境中的内外部因素与双元学习演进有效地联系了起来，从而为双元性模式演进和驱动机制研究提供了新的证据。

本章的结论也深化了双元学习构建路径的研究。Stettner 和 Lavie（2014）研究表明，内部组织、联盟与并购对利用和探索具有不同的作用机制，企业可通过组合这三类方式实现跨越不同领域的双元性，但是他们并没有动态考察不同组合方式的具体适用情境和转换过程。我们在后发企业技术追赶情境下识别出了三种不同的双元性学习模式，即初始追赶阶段基于联盟的分隔型双元，超越追赶阶段基于并购的过渡型双元，以及创新前沿阶段组织内部的自洽型双元。该研究发现打破了以往双元性构建的静态研究限制，从动态演进视角剖析了后发企业在追赶情境中的双元性学习模式演变过程，为深化双元性研究提供了新的方向。

2.6.2　实践启示

本章对后发企业管理实践也具有一定的启示。

（1）后发企业需要通过战略谋划把握技术轨道转变带来的机会窗口。技术轨道变迁之际往往是后发企业追赶的最佳时机，因此，我国后发企业可以充分利用国内多样化技术体制并存的特点，保持对新兴技术足够的敏感性，能够在新一代新兴技术范式到来之前提前谋划，适时地进行技术轨道转换以把握追赶的机会窗口。

（2）后发企业需要动态调整双元学习的构建方案。双元性学习模式并不是一成不变的，它是一个随技术追赶阶段动态演进的过程，对于后发企业来说，在不同追赶阶段面对的追赶目标、挑战和冲突也是不一样的，因此，后发企业管理者需要持续关注不断变化的技术体制、市场需求和自身能力累积特征，相应地设计不同的结构分离机制来构建起双元学习，并随时监控不同构建方案的实施效果。

（3）后发企业需要重视自身能力积累。在一些产业中，中国已经成为技术领先者，因而在这些产业中成为一个创新者而非模仿者将会变得日益重要。后发企业能力累积程度越高，不仅能够在技术追赶进程中更好地理解并适应外部技术变化，而且能够采取跨国并购、内部研发等更为激进的方式开展双元学习，因此，后发企业可以通过有目的的学习、自主产品开发、产品开发平台建设等方式进行知识与能力的积累。

第3章 次序双元与超越追赶：慈星股份案例研究

3.1 概 述

双元性在后发企业技术追赶过程中的独特价值已受到现有研究的日益关注（Luo and Rui，2009；Prange，2012；Bandeira-de-Mello et al.，2016；Choi et al.，2019）①。后发企业可采用不同模式开展对新兴技术的探索同时从事对成熟技术的利用，在技术学习中形成双元，最终实现对领先企业的追赶（彭新敏等，2011，2017）。次序双元是一种基于时间分离逻辑的双元模式，指组织有节奏地在探索和利用之间转换，最终两者在长期达到一种间断式平衡（Burgelman，2002；Gulati et al.，2009；Nickerson and Zenger，2002；Siggelkow and Levinthal，2003；O'Reilly and Tushman，2013）。Oshri 等（2005）认为，长期来看，企业发展会经历很多不同的阶段，企业也会面对不同的外部环境，应有选择地聚焦于探索性学习或利用性学习，特别是对于缺少资源同时进行探索和利用的企业来说，次序双元可能更加符合该类企业的现实需要（Geerts et al.，2010）。此外，学者对不同行业技术范式转变的研究发现，多数行业技术演进的特点是显著技术变革（探索）所带来的机会窗口会被以"微小调整"为特征的利用期分开（Tyre and Orlikowski，1994），因此，最有创新性的企业会利用好这两个不同的时期：在机会窗口打开的时候集中注意力与资源专注探索；在"微小调整"阶段持续不断地开展利用性活动。技术范式转变会革命性地摧毁黏滞在旧范式下的领先者优势（吴晓波等，2004），为后发企业赶超开启难得的"机会窗口"（Perez and Soete，1988）。与发达国家领先企业不同，后发企业相对资源缺乏，难以同时进行探索和利用，同时在追赶过程中面临多变的市场环境，不断更迭的技术范式，集中资源于探索或利用更有利于发挥企业潜能，探索与利用交替循环的次序双元可能更有助于后发企业实现技术追赶。不过，现有次序双元研究基本以发达国家领先企业为对象，对于后发企业在不同技术变革条件下如何相应并及时地进行探索与利用转换我们仍知之甚少（Chou et al.，2018；Choi et al.，2019）。因此，我们的研究问题是：在不同技术变

---

① 学者对双元性研究一直保持着较高的热情，双元性逐渐成为新的组织与管理理论研究范式。随着双元文献的大量涌现，学者回顾并总结了已有组织双元的研究，一些主流期刊推出了针对组织双元研究的专刊，这些专刊主要包括 Academy Management Journal（AMJ）2006 年第 4 期、Organization Science（OS）2009 年第 4 期以及 Academy Management Perspective（AMP）2013 年第 3 期。

革情境下，后发企业如何构建次序双元来实现技术追赶？通过对慈星股份 1988～2018 年的纵向案例研究，探讨了后发企业如何根据技术变革性质，通过有效的组织结构和研发人员变换，有节奏地在组织内部次序开展探索学习和利用学习，最终实现对领先企业的超越。

3.2 文 献 回 顾

早期对次序双元的研究可追溯到技术范式（Kuhn，1970）与技术轨道（Dosi，1982）的转变。技术范式转变通常表现为较长时间的渐进型改进过程中随机地嵌入了一些技术突破（Tushman and Anderson，1986），换句话说，技术范式转变过程中，利用性活动占主导，而持续时间相对较短的探索性活动会穿插其中，因此技术 S 曲线可以看成是有顺序地开展探索活动与利用活动（Foster，1986；Christensen，1992）。在 S 曲线的开端，行业内企业需要大量的努力与投资来获取一种新技术或者构建一种新主流范式，即探索阶段；之后，通过对探索阶段创新成果的利用，生产与效率急剧上升，进入利用阶段；两种技术范式的交接时期，S 曲线上体现为原有技术范式的终点与新技术范式的始点，在这一时期内会激发新一阶段的探索（Tushman and O'Reilly，1996）。次序双元中的"探索—利用"也和"变异—选择—保留"过程紧密联系、相互对应（Campbell，1960；Nelson and Winter，1982），探索可以获得"变异"，洞察环境后"选择"一种适合市场的技术范式，一旦选择，这种范式将"保留"同时不断完善与改进。与技术 S 曲线发展规律相对应，在组织内部，由于组织惯性的存在，惯例、决策程序、组织内知识流动在一段时间内存在刚性（Boumgarden et al.，2012），探索和利用无法同时进行，两者存在时间差异，应按照一定的次序进行，即组织某段时间集中于探索，在另一段时间专注于利用，企业更有可能实现双元，并在长期取得优异绩效（Siggelkow and Levinthal，2003）。

外部技术变革引发了企业构建次序双元的必要，但企业在内部如何相应调整和转换来适应这一变革？Gupta 等（2006）认为，当在一个独立的组织单元中寻求达到次序双元时，该组织单元应将关注的重点在探索与利用之间周期性地切换。Duncan（1976）、Floyd 和 Lane（2000）、Raisch 等（2009）指出，这一不断切换的过程涉及很多改变，包括正式的组织结构、惯例、日常活动、决策程序、奖惩机制、控制机制及资源分配，更深层次上涉及建立冲突管理机制、维护有效的人际关系及探索—利用转换规则。

首先，支持次序双元的学者大都认为，探索性学习和利用性学习所依赖的组织基础有所不同，同时达到探索和利用有一定困难，因此现有研究主要聚焦在如何将组织结构作为一种转换机制使得企业能够在相对立的活动之间进行切换（O'Reilly and Tushman，2013；Patel and Husairi，2018）。Duncan（1976）提到，企业为了产生创新和实施创新，会在一定时期内不断调整组织结构，通过结构的转换，以一种次序的方式达到双元的效果。Nickerson 和 Zenger（2002）、Boumgarden 等（2012）认为，适用于利用性学习的组织通常是刚性的、机械的和中心化的，以探索性学习为主的组织往往是有机的、灵活的和去中心化的，次序双元要求企业在正式与非正式组织结构之间定期切换；Brown 和 Eisenhardt（1997）用半结构化组织和"有节奏的切换"来描述企业在探索与利用之间的转换，在该结构中，一些特征如规则、责任和程序被决定，而其他要素则比较自由；Siggelkow 和 Levinthal（2003）提出集权与分权组织结构之间的转换，通过次序的组织结构变化能促进企业形成临时集权或分权，这样可以促进组织进行利用性学习或探索性学习。

其次，组织结构之外，人力资源、企业文化方面做出合理的安排也会促进探索和利用之间的转换。如 Birkinshaw 等（2016）对宝马公司次序双元构建的研究发现，宝马公司在构建次序双元过程中采取了制定长期的战略定位、强调战略的一致性、让全体成员对已制定的战略有很好的理解和执行、设定共同身份、构建正式网络、实施工作轮换等措施。

整体来看，现有研究还存在两个主要不足。

（1）现有研究主要从外部环境变化或者企业内部的单一视角来讨论探索和利用之间的转换，较少从内外部整合视角来讨论探索和利用的具体转换过程（O'Reilly and Tushman，2013；Zimmermann et al.，2018）。

（2）后发企业在追赶过程中通常面临技术落后与远离领先市场的两种后发劣势，并且由于执行管理人员和研发项目经理存在着高度的信息不对称，企业在探索性研发和利用性研发之间的成功转换仍是极为困难的（Chou et al.，2018），但鲜有文献探讨在技术变革环境中后发企业的次序双元是如何发生与转换的（Choi et al.，2019）。

因此，在分析行业技术变革性质的基础上，通过考察研发机构和研发团队两个内部要素的变化，分析后发企业在技术追赶过程中次序双元形成的具体过程，研究结论在一定程度上可弥补现有理论研究的缺口。

3.3　研 究 设 计

案例研究方法有助于捕捉和追踪管理实践中涌现出来的新现象与新问题，适合回答关于"怎么样"和"为什么"的问题（Eisenhardt，1989）。此外，单案例研究适合具有代表性的、根据时间跨度需要对同一家企业进行纵向比较的情况（Siggelkow，2007）。由于我们的研究主题是后发企业如何通过次序双元实现技术追赶，需要确认企业关键事件的发生顺序，分析案例企业在不同阶段的变化情况，因此，最终采用纵向单案例方法进行研究设计。

3.3.1　案例选择

Eisenhardt（1989）认为案例研究所选取的案例需要具有理论启发性，最终选择慈星股份作为案例企业。首先，案例企业所在行业经历了多次典型技术变革。慈星股份主要生产针织横机，属于针织机械设备制造业，该行业全球化程度较高。从全球范围行业技术演变看，针织横机经历了手摇针织横机、计算机针织横机和全成型计算机针织横机三代不同技术范式的更迭，如表 3.1 所示。

表 3.1　全球范围内计算机横机不同技术范式特征比较

技术范式	手摇针织横机	计算机针织横机	全成型计算机针织横机
主导时期	1900~1960 年	1960~2000 年	2000 年至今
卷曲部件	—	罗拉→起底板	起底板
编织部件	有针舌的织针	有针舌的织针 传统机头→缩小化的机头	复合针 缩小化的机头
控制系统	—	通用伺服电机	专用伺服电机
制版软件	—	初始引入	专用制版软件
花型编制	—	提花	嵌花
后道工序	需裁剪废纱、大量缝合	需要裁剪废纱、少量缝合	仅需裁剪废纱
织物质量	粗糙	精细但花型单一	精细且花型多样

第一代是手摇针织横机（1900~1960 年）。1873 年前后，海因里希·斯托尔（Heinrich Stoll）发明了世界上第一台编织双反面组织的手摇针织横机，主要用于毛衫生产。与手工编织相比，手摇针织横机大大提高了毛衫的编织效率，由此引发了针织横机第一次行业变革。为了进一步提高针织效率，手摇横机的电动化程度不断提高，采用电机控制机头的移动，设计出了电动针织横机[①]。由于手摇横机只能生产较为粗糙的织物，而且需要人工投入大，在 20 世纪中叶，发达国家手摇横机基本退出市场，被新一代计算机横机所替代。

---

① 电动横机中主要由人力完成织物的牵拉，效率提升有限，且只能编织简单花型，编织产品质量不高，设备附加值低，没有得到大范围的应用。根据对行业专家的访谈，我们把电动横机归于手摇横机技术范式。

第二代是计算机针织横机（1960~2000 年）。随着光电和微电子技术、气流学、高精密机械加工技术等科技的快速发展，手摇针织横机经过技术升级后产生了计算机针织横机。1962~1963 年，德国斯托尔有限公司（简称"德国斯托尔"）和日本的株式会社岛精机制作所（简称"日本岛精"）陆续推出自己的第一台计算机横机，从而实现了毛衫业的高效化工业生产。与手摇针织横机和电动针织横机相比，计算机针织横机产品构造更为精密、复杂，技术含量大幅提升，生产效率显著提高，织物产品也更加美观时尚。

第三代是全成型计算机针织横机（2000 年至今）。世界首台全成型计算机针织横机由日本岛精于 1995 年研发成功，并在 2000 年后逐渐成为市场主流技术。与传统计算机针织横机相比，全成型计算机针织横机在制版软件上输入织物参数就可以完成编织，工人只需要减去多余废纱就完成了整个织物生产的全部流程，省去了原来"缝合"的后道工序，实现了一次成形，进一步缩短了工序，节省了劳动力和生产时间。

其次，慈星股份创始于 1988 年，成立和运营了 30 多年，持续的学习与创新使其在计算机针织横机领域成功实现了对日本岛精、德国斯托尔等国际领先企业的追赶。慈星股份最初产品是手摇针织横机；2003 年进入计算机针织横机领域；2010 年慈星计算机针织横机销量居世界首位，被评为"浙江省创新型试点企业"，同年成功收购行业领先企业瑞士斯坦格（Steiger）；2010 年，慈星股份开发出 HP 高速高效型针织横机；2017 年慈星股份成功研发出行业前沿产品全成型计算机针织横机，并被工业和信息化部认定为计算机针织横机行业的"制造业单项冠军示范企业"。因此，慈星股份较长的追赶历史能保证充分获得相关信息和数据，十分适合作为纵向案例研究的样本企业。慈星股份技术追赶的里程碑事件如表 3.2 所示。

表 3.2　慈星股份技术追赶的里程碑事件

年份	事件
1988 年	前身裕人纺织成立，进行手摇横机生产销售
2002 年	手摇横机升级为电动横机
2003 年	开始研发计算机针织横机
2004 年	生产出第一台计算机针织横机
2005 年	开始研发针织内衣机
2006 年	生产出第一台针织内衣机
2007 年	慈星计算机横机参展德国慕尼黑国际机械展览会
2009 年	开始研发高速丝袜机并于当年获得成功

续表

年份	事件
2011 年	开始研发 HP 型高速高效型计算机针织横机并于当年研发成功
2012 年	慈星股份上市、开始研发鞋面一体机
2015 年	第一台鞋面一体机试制成功并进入市场、开始研发全成型计算机针织横机
2017 年	斯坦格事业部成功开发了全成型计算机针织横机
2018 年	鞋面一体机成为慈星股份主要的支柱，贡献销售收入的 50%

3.3.2　数据收集

我们遵循案例研究对数据资料来源多元化的要求，采用多层次、多数据源的资料收集方法，以便形成资料三角验证（Jick，1979），增强研究结果的准确性，具体包括以下资料。

（1）人员访谈。包括现场深度访谈、电话访谈、现场观察等方式。现场深度访谈是分层次的，分别与创始人（编号为 M1，以下同）、技术总监（M2）、生产副总（M3）、销售副总裁（M4）、技术部门经理（M5）、生产部门经理（M6）等进行深度访谈，访谈录音在 24 小时内无差别转成文字，并按照时间顺序进行整理，对于需要补充的资料或确认的信息通过电话访谈或咨询的方法实现。

（2）文献资料。编号为 S1，通过中国期刊全文数据库检索相关文章，以慈星、计算机横机为关键词进行搜索，获得了 57 篇相关文献和报纸报道。

（3）档案资料。编号为 S2，慈星股份的档案资料主要来源于慈星官方网站、WIND 数据库、百度搜索，主要获得了招股说明书、历年年报、财务数据、公司新闻等资料。

3.3.3　变量测度

我们需要测度的主要变量包括技术变革、次序双元、研发机构、研发团队以及技术追赶结果等。一方面，遵循知识累积性原则，借鉴现有文献已有衡量方法对如技术变革、组织结构、研发人员、技术追赶结果等变量进行测度；另一方面保持相对松散的概念类型，使一些关键变量从资料中涌现出来，如结合访谈文献资料，结合实际对次序学习进行测度。具体测度方法叙述如下。

（1）技术变革。我们研究的主题之一是技术追赶，而后发国家企业通常一开始技术相对落后，发达国家成熟的技术对它们而言有可能是新颖的技术，因此我们基于后发国家的行业技术 S 形曲线变化来判断技术变革的性质是收敛性还是根本性（Plowman et al.，2007）。若行业内是沿着已有技术 S 形曲线进行产品改进，则为收敛性技术变革；若行业跳跃到新的技术 S 形曲线，表明技术范式发生转变，则为根本性技术变革。

（2）次序双元。首先，基于案例企业自身的角度界定组织学习类型。如果案例企业在既有技术范式内开发新产品或对已有产品进行升级，则为利用性学习；如果案例企业在新技术范式内研发新产品，则为探索性学习（March，1991；Vermeulen and Barkema，2001；彭新敏等，2017）。其次，如果观察到企业在一段时间集中于某类学习，在另一段时间专注于另一类学习，并有节奏地在探索和利用两种学习之间切换，则说明企业实现了次序双元。

（3）研发机构。根据 Christensen（1997）、Tushman 和 O'Reilly（1996）的研究，组织结构变化从负责新技术研发的部门或事业部的地位来考察，即新技术是由现有主流机构负责还是由新成立的自治机构承担，我们主要根据档案和访谈资料进行确认。

（4）研发团队。根据 Christensen（1997）对破坏性创新的研究，研发团队可分为重量级和轻量级两种类型。重量级研发团队规模较大、研发费用投入较高且相对稳定、研发水平较高，甚至采用不同于以往的工作方式；轻量级团队研发人员较少、研发费用投入有限、研发能力相对较弱。我们通过研发人数、研发经费投入以及研发机构的级别来确定研发团队类型。

（5）技术追赶结果。参照以往相似研究（许庆瑞等，2013；彭新敏等，2017），我们选取代表性产品的新颖度和专利申请数来共同测度技术追赶结果。其中，我们主要根据新产品的获奖情况、官方评价、专家访谈等综合度量产品新颖程度，并分为国内一般、国内先进、国内领先、国际先进四个层次；专利数据通过中外专利数据库服务平台检索，获得了慈星股份 2003～2018 年的专利申请数据。综合上述两个技术指标与国际领先企业进行比较，将技术追赶结果分为差距很大、差距较大、差距较小、同等层次四个级别。

3.3.4　数据分析

我们遵循归纳式案例研究过程进行数据分析（Eisenhardt and Graebner，2007）。

（1）对访谈、文献、档案等多渠道来源的资料进行"三角验证"，提供对我们研究主题的可靠和丰富的解释，把经过确认的信息进行汇总，并识别出关键事件。

（2）论文两名作者相互独立地就确认的信息进行梳理与编码（Glaser and Strauss，1967），用共同的陈述形成基本类别，编码时主要以我们所涉及关键变量为参考依据，其中两人同时编码一致的条目才进入条目库中，对于意见不一致的条目，由研究小组全体成员讨论确定进入编码条目库或删除。

（3）按照时序分析技术来切分过程并形成证据链条。阶段划分根据导致关键变量发生剧变的重要时间节点（彭新敏等，2011；江诗松等，2011a），如 2003 年慈星股份开始研制计算机横机、2006 年新产品系列化、2015 年开始研发全成型计算机横机，依次经历了成熟技术利用（1988～2002 年）、新兴技术探索（2003～2006 年）、新技术改进（2007～2014 年）、行业前沿技术探索（2015～2018 年）四个阶段。其中前三个阶段以成为国内领先企业为目标，可视为追赶阶段，第四个阶段以成为国际领先企业为目标，因此可视为超越追赶阶段，各阶段特征如表 3.3 所示。

表 3.3　慈星股份不同阶段技术追赶特征比较

特征	追赶阶段			超越追赶阶段
	第一阶段 （1988～2002 年）	第二阶段 （2003～2006 年）	第三阶段 （2007～2014 年）	第四阶段 （2015～2018 年）
行业技术变革	手摇横机改进	手摇横机→ 计算机横机	计算机横机改进	计算机横机→ 全成型计算机横机
主导学习	利用	探索	利用	探索
研发机构	无正式研发部门	独立研发部门	国内研发中心	海外事业部
研发团队	轻量级	轻量级	重量级	重量级
企业典型产品	金星牌手摇横机	慈星牌计算机横机	高速高效型计算机横机鞋面一体机	全成型计算机横机
技术追赶结果	差距很大	差距较大	差距较小	同等层次
产品新颖性	国内一般	国内先进	国内领先	国际先进
专利申请数	—	18	223	1006

（4）通过证据和涌现出的理论之间的不断比较，找出相似的构念以及不同证据之间的联系，并借助图表进行分析以逐步明确所涌现的理论模式，经过反复迭代，最终达到理论、构念与证据之间的相互匹配（Eisenhardt and Graebner，2007）。

3.4　案　例　发　现

根据上述四个阶段，本部分将分别阐述慈星股份技术追赶的详细过程，并主要通过叙述式的展示方式来强化理论与证据之间的联系（Langley，1999）。

3.4.1　第一阶段（1988～2002 年）

在慈星股份成立之前，公司创始人孙平范于 1988 年在浙江台州椒江成立了金星纺织机械厂，主要从事手摇横机的生产与销售。虽然国际领先企业德国斯托尔、日本岛精、瑞士斯坦格生产的计算机针织横机于 20 世纪 80 年代中期开始进入我国，但当时国内对穿着时尚没有过多追求，对针织品质量要求也不是很高，手摇横机就可以生产出大众所需要的针织制品；对于国内毛衫厂商来说，当时国内劳动力价格较低，相比自动化程度高但价格昂贵的进口计算机针织横机，采用手摇横机作为生产设备更为经济，因此手摇横机以其价格低廉占据了当时国内主要市场。

手摇横机属于非常成熟的生产技术，技术进入壁垒较低，且信息资料公开，技术获取相对容易。在技术没有显著优势的情况下，慈星股份凭借相对稳定的技术水平和全面贴心的售后服务，生产的金星牌手摇横机占据了台州大部分市场，正如访谈中创始人所言，"每台机器出厂都经过严格把关，机器早上卖出去晚上就给他们安装调试，然后就你家买了我家再买，通过口耳相传，市场口碑很好。"慈星股份在生产销售过程中对产品也不断改进，如将电控系统引入，在手摇横机中加入了电控装置，将其升级为半自动化的电动横机。

该阶段，慈星股份没有独立的研发部门，技术投入有限，资源主要配置给生产、销售以及售后部门。该阶段也没有正式的研发团队，创始人本身就是一位卓越的手摇横机技师，由他带领几位生产人员进行产品改进。该阶段资料编码结果如表 3.4 所示。

表 3.4　慈星股份第一阶段编码结果

变量	资料或原始访谈示例	编码结果
技术变革	20 世纪 80 年代中后期都是采用手摇横机。M1 应该是 1994/1995 年的时候，市场上开始流行电动横机。M3 电动横机中主要由人力完成织物的牵拉，效率提升有限。S1	收敛性
组织学习	我们自己生产、组装、调试，慢慢就掌握了手摇横机生产技术。M1 从小的耳濡目染使孙平范对编织技术和针织机械产生了浓厚兴趣，17 岁时他就已经能独立生产手摇横机，被当地很多人称为"横机小神童"。S1	利用性
研发机构	1988 年，孙平范只身来到浙江台州的纺织品生产基地椒江，注册了金星针织机械厂，通过相对简单的组装和加工，生产当时市场上最流行的手摇横机。S1 生产、技术、售后全部在一家，公司也不大，十几个人。M3	主流机构内
研发团队	当时没有研发部，就靠我们自己几个人摸索。M4	轻量级
产品新颖度	每台机器出厂都经过严格把关，机器早上卖出去晚上就给他们安装调试，然后就你家买了我家再买，通过口耳相传，市场口碑很好。M1 因为质量稳定，几年下来，他的"金星牌"手摇横机占领了当地 80%的市场份额，到 1995 年，"金星"在台州已是成熟品牌。S1	国内一般

总体来说，该阶段国内针织机械处于手摇横机时代，行业技术没有发生大的变革，慈星股份只是在手摇横机技术范式内进行产品改进，即通过"干中学"不断提高手摇横机，以利用性学习为主。在产品新颖性上，慈星股份生产的手摇横机质量稳定，与国内其他厂商处于同等技术水平，没有开发出行业内领先的新技术，也没有任何专利申请。

3.4.2　第二阶段（2003～2006 年）

2000 年后，随着国内经济水平的提高，国内市场上对优质针织品的需求也相应提高，大众消费观念逐渐从"穿暖"向"穿好"转变，原来的手摇横机技术已生产不出高品质的针织制品；同时，随着劳动力成本上升，加上雇佣众多劳动力工人难以管理，手摇横机的市场需求逐渐萎缩，而具有自动化优势的计算机横机逐渐受到市场青睐。与手摇横机相比，计算机针织横机具有自动化程度高、节约劳动力、操作便捷等优势，可有效提高毛衫企业的生产效率和产品品质。正是敏锐感觉到这一国内市场需求变化和技术范式转变趋势，2003 年孙平范回到老家慈溪，新成立了裕人针织有限公司，开始全成型计算机针织横机的研制和生产，正式进入计算机针织横机技术领域。

由于全成型计算机横机属于行业先进技术，国际领先企业不愿转移，国内企业只能通过自主研发来获得计算机横机的生产技术。除慈星股份外，该时期还有其他国内企业通过自主技术攻关获得了部分计算机横机技术，如常熟市金龙机械有限公司、绍兴市越发机械制造有限公司、飞虎纺织有限公司等，为慈星股份相关零配件开发和整机装配提供了更多技术来源与外部学习机会，如访谈中创始人说道，"2003～2004 年，所有的零件配件都是空白的，我有一部雷克萨斯车，每年都开 6 万多公里，寻找供应商。"

为研制出计算机横机，慈星股份采取了多种开发方式。①逆向工程学习，通过购买领先企业的样机进行拆解分析，获得了计算机横机基本架构知识。②积极引进计算机横机专业技术人才，如当时引进了常熟针织机械研究院从事计算机横机研发的两位工程师共同开发横机相关机械配件。③与高校及科研院所合作，如与浙江大学、浙江工业大学合作，委托开发电控设备，获得了计算机横机基本的理论与技术知识；与中国科学院宁波材料技术与工程研究所合作，委托研发生产机械配件的耐磨材料；与杭州绣花机厂合作，委托其开发电控系统。④外购核心零部件，由于计算机针织横机中控制系统开发难度较大，慈星股份购买了台湾精密机械公司生产的精密机头和控制系统。

经过研发团队的不断努力和反复试验，2004 年慈星股份成功研发出了首台"慈星"牌计算机针织横机 GE2-45S，参加了当年 6 月份浙江桐乡的纺织机械展，获得了 60 多台订单，并于 2005 年获得了宁波市科技进步三等奖。但由于控制系统不稳定，设备还需要不断改进。2005 年，慈星股份委托杭州绣花机厂的电控系统开发成功，替换了原有外购的控制系统；与此同时，慈星股份自己的研发团队成功改进了罗拉装置，实现了高位罗拉，使机器的编织性能更加稳定，沉降片升级为摆动式沉降片，解决了复杂花型的编织问题。重新搭载上新的电控系统和升级后的机械配件，慈星股份于 2005 年推出了升级版本的 GE2-52S 型横机，当年售出了 257 台；2006 年，慈星股份又采用新的电控系统，产品开始系列化，推出了 GE2-56S、GE3-45S、GE3-52S、GE3-56S 等多个类型的产品。

　　该阶段，慈星股份新成立了裕人公司，与原来的手摇横机业务相脱离，专门从事计算机针织横机研发和生产，这对慈星股份而言是完全新颖的技术，属于探索性学习。为此，慈星股份建立了专门的研发团队，主要由孙平范、徐工程师、詹工程师三人组成，企业资源开始向技术研发倾斜，创始人将企业所有资源都投向了计算机横机的研发中，甚至将自己的私人财产都投入了其中。不过该阶段企业研发实力还不够强大，主要聚焦于机械配件的研发和整机装配，关键零部件如电控系统需要委托开发，属于轻量级研发团队。该阶段资料编码结果如表 3.5 所示。

表 3.5　慈星股份第二阶段编码结果

变量	资料或原始访谈示例	编码结果
技术变革	手摇针织横机必将被在国外已广泛应用的计算机针织横机所取代。S1 用汽车与自行车来形容计算机横机与手摇横机是再适合不过的，在构造方面计算机横机是一种双针板舌针纬编织机。S2	根本性
组织学习	当时（2003 年）通过购买计算机横机样机来拆解学习。M2 为了成功实现产品研发方面的突破，孙平范广泛联系行业内的学者和专家，并远赴中国台湾、日本等拜师学艺，他一年跑了 6 万多公里。S1	探索性
研发机构	2002 年开始有做计算机横机这个想法，2003 年开始成立公司开发计算机横机。M1 2003 年，孙平范毅然回到老家慈溪，决定试水全计算机横机，再次创业成立了宁波市裕人针织机械有限公司（慈星前身）。S1	新自治机构
研发团队	2003 年开始成立公司开发计算机横机，那个时候公司只有 2～3 名技术人员，开发资金也是向亲戚朋友借的。M1 孙平范整天都泡在生产车间里，琢磨计算机横机，和几个技术助手一起攻关计算机横机的研发。S1 当时（2003 年）除了我（徐工程师）和孙总之外，还有一位詹工程师，就我们三个一起开发计算机横机。M2	轻量级
产品新颖度	2004 年，公司终于成功研制出了第一代 GE2-45S 型计算机横机，专家评审的鉴定主要技术性能指标达到国内先进水平。S2 "慈星"牌计算机针织横机 GE2-45S，于 2005 年获得了宁波市科技进步三等奖。S1	国内先进

　　总体来看，该阶段国内行业技术范式正从手摇横机转向计算机针织横机，属于根本性技术变革，慈星股份通过机构新建、外部合作、人才引进等方式成功开展探索性学习，开发了企业第一台计算机针织横机，获得了 18 项专利，产品达到了国内先进水平。

3.4.3　第三阶段（2007~2014 年）

　　随着计算机针织横机在国内市场的普及，跨国公司纷纷在国内建厂降低生产成本，市场竞争日趋激烈。经过前期的技术积累，慈星股份已获得计算机横机基本的设计、制造与服务能力，下一步主要对产品性能进一步提高。如为了提高计算机横机的制版能力，2007 年，慈星股份与业内知名计算机针织机械软件企业意大利普罗蒂集团合作，共同在国内建立制造基地，双方联合生产和销售计算机横机，2010 年进一步收购了普罗蒂公司 30%的股权；通过与普罗蒂技术专家的合作与交流，制版能力得到了显著提升。2007 年，慈星股份技术团队用起底板技术替换了之前的罗拉技术，将横机上的牵拉装置替换为起底板装置，使机器的纺织效率提高，减少了废纱，满足了多种织物编织的要求，产品从原来的 S 系列更新为 C 系列。2010 年，慈星股份为进一步提高企业品牌的知名度和自主研发能力，成功收购了全球第三大计算机横机生产商瑞士斯坦格，获得了行业顶尖的横机嵌花技术。相对原有的提花技术，嵌花技术能实现复杂花型编制和多色彩编制，使慈星横机能高效织出更加复杂、颜色更加丰富的花型。正如访谈中技术副总提到的，"斯坦格嵌花效率领先同行 20%~30%，编制的图案不仅样式多，而且功能稳定性很好。"

　　在对部件技术不断改进的基础上，2010 年，慈星开发了 HP 型高速高效计算机横机，该款横机缩短了机头，采用无针舌的织针，运行空间更大，织针动程更短，提高了横机的运行速度和效率。之后，慈星又与横机控制系统生产商合作，精简伺服电机功能，开发出计算机横机专用的伺服电机，推出了第二代机型 HP2-52C。2011 年进一步系列化，推出了 HP2-45C、HP2-56C、HP3-45C、HP3-52C、HP3-56C 等多个机型，当年 HP 横机销售量达到 16 581 台。

　　另外，计算机针织横机的应用范围也不断拓宽，产生了一种适用于鞋面生产的改良计算机横机。2012 年，德国斯托尔率先开发出鞋面一体机，可以 3D 一次成型，不需进行后期的裁剪缝合。慈星股份在 2012 年开始跟踪该技术，但德国斯托尔与阿迪达斯鞋业（Adidas）有技术专供协议，无法获得该技术许可，为加速鞋面机的开发，2015 年慈星股份在晋江成立了鞋面研究院，从打样、材料、编织开始摸索，仅用了不到 1 年的时间就完成了对计算机横机的改造，第一台鞋面机在 2015 年底开发成功并推向市场，成为德国斯托尔之外第二家掌握该技术的企业。

该阶段，慈星股份在企业内部建立了专门的研发中心，由四个相互协作的部门组成，分别是战略研发部、产品开发部、技术部、实验室。战略研发部负责把握行业发展趋势及动态，搜集、整理、研究先进技术信息，根据行业技术发展趋势，论证并提出新的研发项目。产品开发部负责产品的开发和设计，整合技术发展趋势、市场需求信息、技术部及售后服务部反馈信息，进行技术研究。技术部负责制定制造规范，推行行业标准，指导制造部生产，新产品的技术认定及验收及问题反馈。实验室负责产品检验、实验、测试，协助新产品开发认证，参与检验标准制定。

该阶段，慈星股份研发团队达到重量级水平，2011 年底技术人员超过 500 人，占员工总数的 14.30%，并加大了研发投入，2010～2014 年平均研发投入为 8733 万元，占销售收入的 4.9%，开始建立起了国内、国际双研发平台的自主研发机制。该阶段资料编码结果如表 3.6 所示。

表 3.6　慈星股份第三阶段编码结果

变量	资料或原始访谈示例	编码结果
技术变革	计算机针织横机成为横机行业主流内技术。S1S2	收敛性
组织学习	用起底板技术替换了之前的罗拉技术，起底板可以减少纺织时产生的废纱。M6 慈星股份收购了意大利普罗蒂公司 30%的股权，学习世界先进的制版软件技术。S2 把计算机横机经过改造，应用到鞋面生产，然后就开发了鞋面一体机。M2	利用性
研发机构	慈星股份在企业内部建立了专门的研究机构，并设置了战略研发部、产品开发部、技术部、实验室四个部门。S2	主流机构内
研发团队	2011 年，核心技术人员、研发人员总数为 587 人，占员工总数的 14.30%。S2 2010～2014 年平均研发投入为 8733 万元，占销售收入的 4.9%。S2	重量级
产品新颖度	我们自己生产的计算机横机在稳定性方面已接近进口计算机针织横机，相对国外品牌更加经济实惠。M4 慈星横机以"式样美观、品质过硬、价格适中"的形象，在 ITMA 展会上大放异彩。S1	国内领先

注：ITMA 为国际纺织机械展览会的英文缩写。

总体来看，该阶段计算机针织横机是国内行业主导技术，慈星股份通过收购、合资等方式对计算机横机及其相关配件进行更新升级，组织学习从探索性学习转向了利用性学习，成功开发了有起底板的 C 系列计算机横机、HP 高速高效型计算机横机、鞋面一体机等一系列新产品，申请专利 223 项，其中发明专利 112 项。在产品新颖性上，HP 计算机横机、鞋面一体机均达到国内领先水平。

3.4.4　第四阶段（2015～2018 年）

随着 3D 打印、人工智能等技术的兴起，国际领先企业日本岛精、德国斯托尔早在 20 世纪中叶就投入全成型计算机针织横机的研究。2010 年左右，全成型逐渐成为国内计算机针织横机行业新的技术发展方向。相对传统计算机针织横机，全成型计算机针织横机缩减了后道工序，一次完成加工和缝合，大大降低了对人工的依赖，且可纺织的花型更加丰富和精致。如访谈中技术经理提到的："传统毛衫纺织后道缝合工艺需要大量具有技术专长的工人，而且后道缝合工序具有机械重复的特征，但现在已经越来越难招到足够的熟练技工，全成型计算机针织横机正好可以解决后道工序问题。"

由于全成型计算机针织横机属于行业前沿技术，2015 年，慈星股份决定利用瑞士斯坦格的研发团队开发全成型计算机针织横机。斯坦格事业部有着深厚的技术积淀，拥有世界首创的可控式弹跳纱嘴与嵌花技术，研发能力强，慈星股份希望发挥斯坦格事业部的研发特长，将斯坦格事业部划归独立的海外研发事业部，委派其进行全成型技术探索。国内研究中心负责与斯坦格事业部定期进行技术交流，如每周五下午斯坦格与国内技术总监进行视频会议，汇报开发进展，并讨论研发过程中的疑难问题；样机研发成功后，瑞士研发团队来到中国总部进行生产试制，指导生产部门进行新产品的批量生产。2017 年，慈星股份对研发中心进行了升级，成立了慈星纺机自动化研究院，并入选浙江省省级技术中心，同时也建立了一套不同于以往的完整的研发流程：原有的专人负责一种机型开发转变成专人负责单一部件开发，同时要求其开发部件能在不同型号的计算机横机中兼容，最后将不同工程师开发的相关部件组合在一起形成新机型。新研发流程通过进一步明确各位研发部门和工程师的职责，既可以更好地积累开发过程中的经验，也有利于进行绩效考核，从而促进更多的产品创新。

经过三年的技术探索，2017 年底慈星股份终于突破了技术壁垒，开发出了 TAURUS 全成型织可穿计算机横机，2018 年基本完成了样机的试制，并于 2019 年推向市场。慈星股份全成型计算机针织横机产生了一系列创新，如在机械装置方面，采用了开放式机头和新型复合针，引入了独立沙夹剪刀板，装载了独立工作的导纱器，运用可控式弹跳纱嘴；在花型编制上，融入了斯坦格顶尖的嵌花技术；在软件方面，搭载 3D 成型仿真制版系统。

该阶段，慈星股份研发人员平均保持 500 人左右的规模，其中斯坦格事业部拥有 20 位研发人员，研发费用占销售收入的比重提升到 6.8%，保持着重量级研发团队水平。该阶段资料编码结果如表 3.7 所示。

表 3.7　慈星股份第四阶段编码结果

变量	资料或原始访谈示例	编码结果
技术变革	未来的五年到十年可能发展的方向是全成型。M5 全成型计算机针织横机成为行业新技术趋势。S1	根本性
组织学习	未来的研发重点还是要放在全成型上面。M1 近年研发重点侧重于全成型计算机针织横机。S2	探索性
研发机构	斯坦格事业部现在就负责研发工作，我们会定期给他们分配研发任务，并每周召开视频会议。M2 我们现在用的全成型的织板系统就是瑞士斯坦格研发的。M5	自治事业部
研发团队	斯坦格事业部有 20 位研发人员。M5 国内与国外（斯坦格）两个研发团队每周都进行视频会议，这个也归我（技术总监）管。M2	重量级
产品新颖度	本届展会上（2017 年），慈星股份推出的 TAURUS 2.170 XP 是毛衫行业的一个里程碑设计，并开启了针织行业的新方向，本机型包含了两项斯坦格独有的专利技术——复合针和储纱针；这一独特的创新发明，在满足以往基本编织功能的同时，还可以进行织可穿、嵌纱、同行超难结构以及嵌花组织结构的编织。S2	国际先进

总体来说，该阶段国内行业主导技术转向了全成型计算机针织横机，慈星股份通过斯坦格事业部进行全成型技术探索，组织学习由利用主导再次转向探索主导，成功开发了全成型计算机针织横机，同时申请专利 1006 项，其中发明专利 544 项，产品达到国际先进水平。

3.5　案 例 讨 论

3.5.1　技术变革、次序双元与后发企业追赶

纵向来看，慈星股份在技术追赶的四个阶段分别采取了不同的主导学习（图 3.1），从第一阶段的利用到第二阶段的探索再到第三阶段的利用最后到第四阶段的探索，呈现出明显的利用与探索的交替循环，在整个追赶周期内形成了一种次序双元，专利申请数量逐年攀升，产品创新程度不断增加，最终与国际领先企业的技术差距从很大、较大到较小最后达到同等层次。

首先，后发企业根据技术变革周期有节奏地在利用性学习和探索性学习之间进行转换，在长期内较好地实现了两类学习之间的动态平衡，解决了组织学习两难的困境，成功实现了技术追赶。后发企业通过在一段时间内聚焦于一种学习，有利于迅速适应该类学习要求，使学习成果更快地转化为技术能力。具体来说，后发企业通过探索性学习把握技术范式转变的机会窗口，快速突破技术壁垒，之后通过利用性学习，进一步提高产品性能，占领并扩大市场。该研究发现从后发

企业视角丰富了技术轨道与技术追赶的相关研究（Tushman and Anderson，1986；Tushman and O'Reilly，1996），即有清晰技术定位企业的投资模式更加贴近于技术 S 形曲线。S 形曲线的开始部分反映的是企业对于新技术的早期努力与投资，这些努力与投资要一直持续到主导设计确立起来，这是一个探索的过程；接着，产品生产数量急剧上升，这意味着之前的创新成果被利用，是一个利用的过程；最终，在 S 形曲线的最上端，利用的边际效用达到最低，重新进入探索，在 S 形曲线上，这种探索和利用的更替呈现出周期性的特点。相对应地，在某一组织单元内部，一系列探索与利用的间断移动则体现了次序双元的本质。

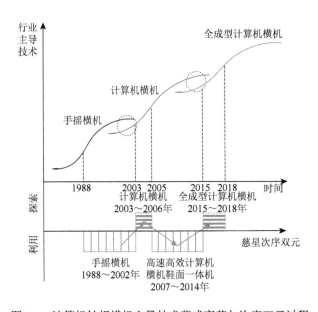

图 3.1　计算机针织横机主导技术范式变革与次序双元过程

在开展次序双元学习的过程中，探索性学习和利用性学习持续时间有所不同。具体来说，探索性学习持续时间相对较短，利用性学习持续时间相对较长。在慈星股份的案例中，"探索—利用"转换的周期平均为 7.5 年，其中分别在第二阶段和第四阶段进行了探索性学习，攻克了相对于企业来说新颖的计算机横机和全成型计算机横机技术，持续时间均在 4 年左右；慈星股份在其第一阶段、第三阶段开展了利用性学习，对已有计算机针织横机生产技术进行进一步升级，第一阶段从 1988～2002 年经历了 14 年时间，第三阶段从 2006～2014 年经历了 8 年时间，所经历的时间都相对较长。该研究发现从后发企业追赶视角进一步丰富了之前的相关研究，如 Romanelli 和 Tushman（1994）指出收敛期技术变革往往持续 4～6 年，根本性技术转变往往会在 2 年以内完成；Nickerson 和 Zenger（2002）通过案例研究发现惠普公司"探索—利用"转换的周期为2~7年,其组织结构从极度中性化向极度去中心化转换,毕马威利用到探索的转换周期在7年左右,福特在5年左右。究其原因在于,探索性学习解决主要的是突破性创新,为开发新产品而进行的组织学习,这一过程不会持续很长时间,新产品的试制到投入市场往往只需要2~4年;相对应的利用性学习主要解决的是渐进性创新,在已经开发成功的产品上进行进一步的改进和升级,使产品更加贴合市场需求,这是一个相对漫长的周期,往往会持续5年以上,因此次序双元呈现为较长利用过程中穿插短时期探索的发展节奏。

3.5.2　技术变革、学习类型与内部要素的动态匹配

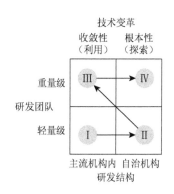

图 3.2　慈星股份次序双元过程中的研发结构与研发团队配置

由慈星股份的案例发现,次序双元开展的过程实质是技术变革、研发结构与研发团队三者之间动态匹配的过程,即由图 3.2 中的Ⅰ区向Ⅱ区再向Ⅲ区最后向Ⅳ区进行演变。

在第一阶段的Ⅰ区,慈星股份处于手摇横机时代,没有正式研发的团队,产品改进主要基于"干中学",在组织结构上同样也没有设置独立研发事业部,技术开发在主流机构内完成。在第二阶段的Ⅱ区,国内针织行业开始进入计算机针织横机时代,为顺应技术范式转变,新成立了独立的裕人公司,聚焦于计算机横机的研发与生产,并成立了轻量级研发团队。在第三阶段的Ⅲ区,行业技术范式未发生重大改变,在主流机构内成立了研发中心对计算机横机进行升级,技术人员规模急剧扩大,并建立了研发规范,研发团队由轻量级升级到重量级。在第四阶段的Ⅳ区,将瑞士斯坦格作为独立的研发事业部,专门进行全成型计算机横机研发,研发团队融合了海外优秀技术工程师,继续保持在重量级水平。

因此,从企业内部要素看,后发企业实现次序双元的第一个内部因素是研发机构设置的匹配。在收敛性技术变革期间,技术范式相对稳定,后发企业主要开展利用性学习,技术研发可由主流机构或在主流机构内设置研发部来完成,在根本性技术变革期间,技术范式发生革命性变化,后发企业要开展的是探索性学习,要求建立与之前不同的流程、惯例、决策机制等,可通过设置独立研发部门或自治事业部来完成。后发企业实现次序双元的第二个内部因素是研发团队配置的适应。随着追赶的技术由成熟技术转为新兴技术再转向行业前沿技术,研发难度不

断增加，企业资源不断向研发倾斜，研发团队应由轻量级相应转变为重量级，甚至要通过制定新的工作流程提高研发人员的工作效率。

3.6　结　　论

相关研究结论对技术追赶和双元学习研究都具有一定的理论贡献。

首先，该研究丰富了后发追赶的相关研究。双元性虽为企业获得持续竞争优势提供了可能，但后发企业如何根据不同追赶阶段协调双元学习与外部环境以及内部组织三者间的动态匹配？关于企业如何动态地配置资源来管理双元性以把这一潜力转化为现实的研究仍较为匮乏。在后发企业技术追赶的过程中，会面临不同的技术变革环境，鉴于企业内部资源的有限性，后发企业可以通过构建一套经过精密设计的系统和流程来次序式开展双元性学习（Luo and Rui，2009），从而实现持续的技术追赶。该研究发现从不同技术变革情境视角丰富了后发企业技术追赶的研究。

其次，该研究发现从整合视角拓展了后发企业次序双元的相关研究。现有的研究要么从外部环境视角研究其对次序双元的调节作用，要么从内部视角研究次序双元实现的决定因素，较少从内外部视角共同考察次序双元的实现。我们从内外部整合视角出发，发现后发企业要根据行业技术变革性质，通过动态调整研发机构与研发人员配置，从而达到不同学习类型的要求，这也响应了从配置视角考察双元如何构建的研究呼吁（Zimmermann et al.，2018）。

最后，研究结论对管理实践也具有一定的启示。第一，技术范式转变是后发企业实现赶超的机会窗口期，新技术范式的出现会降低领先企业在旧范式构建的技术壁垒，而次序双元的特点是长期的利用过程中间或发生短期的探索，说明技术机会窗口的出现是稍纵即逝的，后发企业要尽早布局，及时切入，抓住机会窗口实现跃迁；第二，企业在组织内部要精心设计一个有序步骤，后发企业要实现技术追赶，不仅要通过挑选、培训、激励员工使能者胜任，还要善于为需要完成的任务选择、创建并筹备合适的研发机构以使能者适得其所。

第4章 动态能力视角下的超越追赶：
海康威视案例研究

4.1 概 述

改革开放以后，通过对领先企业的学习与追赶，中国已出现了一批具有国际竞争力的行业代表性企业，它们不再是仅仅通过技术引进而进行模仿创新，而是进入了以创新能力为重点的超越追赶阶段（Figueiredo，2014；彭新敏等，2017）。与处于初始追赶阶段的后发企业不同，超越追赶阶段的后发企业已经具备了一定的知识基础与创新能力，不过仍尚未构建起与发达国家领先企业相当的核心能力或战略能力，国内外已有的关于后发国家创新与追赶的研究很多，但大都聚焦于"追赶阶段"（Lee and Malerba，2017），专门针对大型新兴经济体本土企业超越追赶的研究仍然不多见（Dutrénit，2004；Hobday et al.，2004）。另外，尽管研究普遍认为技术范式转变为众多后发企业追赶开启了难得的"机会窗口"（张国胜，2013），动态能力是企业应对动态变化的外部环境所带来挑战的重要能力，支撑企业在技术范式转变时期摆脱竞争对手的模仿和学习，以保持可持续竞争优势，但大部分的研究都忽视了不同机会窗口的具体性质差异，以及追赶过程中动态能力的演化，能够解释超越追赶阶段后发企业独特困境和问题的相关研究仍然缺乏。随着全球化和网络化的影响日益加深，国内外市场竞争更加激烈，中国后发企业创新追赶的需求日益迫切，因此，我们的研究问题是：在技术范式转变的背景下，后发企业如何根据机会窗口的性质来实施动态能力，进而实现技术追赶？

4.2 文 献 回 顾

4.2.1 技术范式转变与后发追赶

1982 年，英国学者 Dosi 在评价传统的技术推动论和需求拉动论时，首次提出了"技术范式"的概念。Dosi（1982）首先将技术当作知识的集合，范式是由某个群体共享的、用以解决特定某类问题的认知和理解的集合。技术范式不是一种具体的技术，而是一种基于某些特定自然科学原理和特定原材料的某类具体技术与经济问题的解决方案，是一组解决问题的原理、规则、方式、标准和惯例的总称，为设计师、工程师、企业家和管理者所接受与遵循（吴晓波等，2006）。从一种技术范式跃迁到另一种技术范式即技术范式的转变。当技术范式发生变革时，意味着一系列新的解决技术问题的思维模式和方法体系的出现，这会导致新旧范式之间相互竞争，最后旧技术范式被淘汰，而新技术范式还未成熟，此时的技术变化是非线性的并且难以预测的。在这个过程中，技术进步主要呈现突变的、跃迁的、非连续性的特征，并且强调非秩序性（罗仲伟等，2014）。在此情境下，行业与行业之间的界限变得不再清晰，企业的竞争者、供应商、消费者、替代品制造商及潜在进入者等都模糊且不确定，外界动态变化的环境充满了机遇和威胁（罗仲伟等，2014）。

　　Perez 和 Soete（1988）首次提及技术范式转变能够为后发企业进行技术追赶创造机会窗口。新技术范式的出现会降低领先企业在旧范式构建的技术壁垒，使很多企业都站在同一起跑线上。面对市场和技术的变革，领先企业往往会受制于结构惯性，同时对原有路径的依赖也会阻碍领先企业调整转型的及时性，从而让后发企业有机会弯道超车，甚至脱颖而出。郭磊等（2016）认为，机会窗口的产生是部门创新系统中技术、需求、制度及参与企业等维度相继演变的结果，外部技术获取难度和后发企业自身具备的特色互补性资产能够帮助在初始追赶阶段的后发企业把握机会窗口。徐雨森等（2014）认为机会窗口的出现是技术变化、需求变化、领先企业"能力陷阱"等多重因素共同作用的结果。因此，后发企业可以通过能动地利用技术范式转变所带来的威力强大的非线性冲击力赢得巨大的竞争优势。

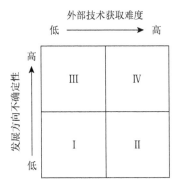

图 4.1　机会窗口性质分析框架

　　我们研究的是技术范式转变带来的机会窗口，主要从技术发展方向不确定性和外部技术获取难度两个维度来分析机会窗口，如图 4.1 所示。其中，发展方向不确定性指的是围绕技术进步的未来道路的模糊性（Tushman and Anderson，1986），可能会导致企业外部环境中存在不可预测的条件（Pfeffer and Salancik，1978），使得决策者对与他们相关的组织环境变化的性质或可能性不确定。外部技术获取难度指企业通过外部技术源或外部知识库获取技术知识的难易程度（Lee and Lim，2001）。

4.2.2　动态能力的引入

　　1997 年，Teece 等（1997）提出了动态能力的定义及其理论框架，认为动态能力是企业整合、建立及重新配置企业内外部资源和能力，以便适应快速变化的环境的能力。其中，动态是企业为了适应动态变化的外部环境，延续或重构自身竞争优势的一种能力，而能力则强调了企业战略管理在正确处理、协调和重构企业内外部资源以适应环境变化方面的关键作用。Eisenhardt 和 Martin（2000）虽然认为动态能力是一组流程或组织惯例，但他们也认为动态能力包括整合、重新配置、获取和释放资源。在复杂动态的外部环境下，企业通过运用动态能力来整合重构企业的内外部资源，从而适应市场的变化，并以此获得和维持企业可持续的竞争优势。

目前不同学者对动态能力的内涵和维度的理解存在着差异。最初，Teece 等（1997）提出动态能力包含了三个维度：定位、过程和路径。之后 Teece（2007）进一步提出动态能力可以分为感知能力、获取能力和重构能力。焦豪等（2008）基于创业导向和组织学习的视角，在分析企业动态能力的构建路径时，开发了测量动态能力的四个维度，即环境洞察能力、变革更新能力、技术柔性能力和组织柔性能力，并且发现组织学习能够促进企业动态能力的构建与提升。

虽然学者因不同的研究视角，在动态能力维度划分方面有不同的观点，但大部分学者都认同动态能力的核心内容是企业的感知、捕捉和重构能力，目的是更好地应对复杂动态的环境带来的挑战。结合我们的研究主题，借鉴 Teece 的理论框架，将动态能力定义为在技术范式转变时期，企业为了在复杂动态的环境下抓住机会窗口，实现技术追赶而需具备的感知能力、捕捉能力和重构能力。具体如表 4.1 所示。

表 4.1　技术范式转变下后发追赶的企业动态能力界定

动态能力	定义
感知能力	企业对技术范式转变产生的机会窗口的快速识别、理解和反馈能力
捕捉能力	企业根据所识别的机会窗口，有目的地进行组织学习、并购等活动，以获取企业把握该机会窗口实现追赶所需的相关资源的能力
重构能力	企业通过重构组织制度、优化资源配置来应对追赶过程出现的阻碍因素的能力

除了对动态能力本身的深入研究，学者在运用动态能力理论进行后发追赶研究方面做了很多贡献。郑刚等（2016）认为在开放式创新条件下，技术并购逐渐成为后发企业实现技术追赶、快速提升创新能力的重要途径，动态能力在其中起到了重要的作用。吴先明和苏志文（2014）利用动态能力理论，将后发企业通过海外并购实现技术能力提升的过程看作其进行技术追赶、接近创新前沿的路径。

宣烨等（2011）基于动态能力的视角探究了动态能力对加工配套企业升级模式和行为特征的影响。罗仲伟等（2014）研究了技术范式转变时期，动态能力对后发企业通过微创新实现追赶的支撑机制。在技术范式转变时期，由于外部技术环境发生变化，企业原本拥有的资源不能满足新范式的需要，为了适应新技术范式，企业需要寻找新的资源，特别是技术资源。企业的动态能力可以为企业提供资源和能力支撑，帮助企业抓住技术范式转变的契机，对于后发企业而言，由于没有旧技术范式下的思维桎梏和结构惯性，它们可以通过动态能力借机实现弯道超车。综合以上文献，虽然学者普遍认为动态能力在企业后发追赶过程中起到重要的作用，但大部分研究没有考虑到动态能力本身在追赶过程中是否发生变化，以技术范式转变为背景，探讨后发企业技术追赶过程中动态能力如何演化的研究则更为缺乏。

4.3　研　究　设　计

我们采用案例方法进行研究设计。案例研究方法适合解决关于"怎么样"和"为什么"的问题（Yin，2014），我们要回答的问题是后发企业如何根据机会窗口的性质来实施动态能力，进而实现追赶，是关于"怎么样"的问题。此外，单案例研究适合研究具有代表性的、根据时间跨度需要对同一家企业进行纵向比较的情况（Eisenhardt，1989）。由于本书的研究主题是技术范式转变下中国后发企业的超越追赶，需要确认企业关键事件的发生顺序，分析案例企业在不同阶段的变化情况，因此选用单案例纵向研究方法。

4.3.1　案例选择

我们研究的案例企业是海康威视。Eisenhardt（1989）认为案例研究法所选取的案例需要具有典型性和代表性。而案例选取的典型性主要表现在以下两个方面。

（1）行业的代表性。海康威视所处的安防行业，是典型的技术密集型制造业，技术更新换代极为迅速，而安防产业链中最重要的链条之一就是视频监控。20世纪70年代末，视频监控开始进入中国市场，并且走过了引进、模仿、消化吸收、自主创新的发展历程。从引进国外产品和技术到如今引领全球视频监控的发展方向，中国的视频监控技术经历了四个不同的技术范式阶段：模拟化技术范式、数字化技术范式、网络化技术范式和智能化技术范式，满足分析机会窗口性质差异的需要，如表4.2所示。

表 4.2　中国视频监控技术范式的发展

技术范式	产生时间	核心技术	主要产品形式	缺点
模拟化	20世纪70年代末	光学成像技术和电子技术	VCR（video cassette recorder，卡带式影像录放机）、模拟摄像机	图像质量差、需经常更换录像带、不易保存
数字化	20世纪90年代中期	数字压缩编码技术和芯片技术	DVR（digital video recorder，硬盘录像机）、DVS（digital video server，数字视频编码器）	存储空间不够，录像存储数据安全系数低
网络化	2004年左右	视频网络存储和网络传输技术	NVR（network video recorder，网络视频录像机）、IPC（internet protocol camera，网络摄像机）	海量视频数据、人工监控和分析、事后分析
智能化	2007年左右	计算机视觉和视频图像分析软件	—	—

（2）企业的代表性。海康威视连续六年（2011～2016年）蝉联iHS全球视频监控市场占有率第1位；连年入选"国家重点软件企业"、"中国软件收入前百家企业"、《安全与自动化》"中国安防十大民族品牌"、《中国公共安全》"中国安防百强"（位列榜首）；2016～2017年，在《安全与自动化》公布的"全球安防50强"榜单中，蝉联全球第1位。目前海康威视以其连年位居视频监控市场占有率全球第一、技术水平位居我国视频监控行业之首，在该行业中已经获得较高的市场认可度。基于以上标准，我们认为海康威视十分适合作为本案例研究的样本企业。

4.3.2　数据收集

我们遵循案例研究对数据资料来源多元化的要求，从多渠道进行数据收集，以保证研究数据的相互验证，提升研究的信度和效度（Yin，2014），具体包括以下内容。

（1）人员访谈。对海康威视内部人员进行了10次半结构化访谈，访谈对象包括海康威视董事长（编号为M1）、海康威视研究院院长（M2）、技术经理（M3）等，每次访谈时间约为90分钟，并在访谈结束24小时内完成对访谈录音的整理。

（2）文献资料。编码为S1，一是在中国知网学术文献总库检索并选择与安防行业、海康威视相关的学术文献，包括博士文献、硕士文献、报纸期刊等；二是在中外专利数据库服务平台、天眼查等网站检索海康威视的专利申请情况；三是通过百度等搜索引擎检索安防行业信息以及海康威视的相关新闻报道。

（3）档案资料。编码为S2，主要通过海康威视的官方网站获得2010年上市的招股说明书，以及2010～2017年的中期报告和年度报告，了解海康威视的发展历程和基本情况。

4.3.3　构念测度

（1）机会窗口。我们选用发展方向不确定性和外部技术获取难度作为衡量机会窗口的测度。如果市场上已出现与新技术范式相关的产品，说明在该市场新范式的发展趋势已然确定，即发展方向不确定性低，反之，则说明该技术的发展方向不确定性高。对于外部技术获取难度，当企业可以通过技术引进直接获取相关技术时，表示该技术的获取难度低；当企业由于某些原因难以直接获取外部技术而只能通过其他方式来获取时，说明外部技术获取难度高。

（2）动态能力。遵循 Teece 的框架，将动态能力分为感知能力、捕捉能力和重构能力。感知能力可体现为企业内部研发部门对新技术的探索、关注供应商创新、识别客户创新等。捕捉能力表现为企业根据所识别的机会建立相应的组织机构和流程。重构能力具体可体现为企业治理、人员激励、知识管理、客户关系管理等对资源的持续调整。面临不同的机会窗口，企业运用的动态能力也有差异。沿用程聪等（2017）的观点，企业动态能力有低阶、中阶和高阶三种整合模式，其中低阶动态能力包括感知能力和获取能力，中阶动态能力以感知能力和获取能力为主，重构能力偶尔运用，而高阶动态能力以重构能力为主。

（3）技术追赶结果。追赶结果的测度指标主要可分为主观指标和客观指标两类（许庆瑞等，2013）。我们选取的用于测量企业技术追赶结果的指标是代表性产品的新颖度和各阶段企业专利申请数量。其中，我们主要根据新产品的获奖情况、官方评价等定性指标来度量相关产品的新颖程度，并分为国内先进、国内领先、国际先进、国际领先等层次。

在数据分析方面，①将访谈录音在 24 小时内无差别转成文字，并按照时间顺序整理；②对搜集的二手资料进行整理，同样按照时间顺序罗列成文档；③对这些通过多渠道获得的文档进行"三角检验"，并选用其中通过验证的素材作为案例分析的材料；④对经过确认的材料按照构念进行分类和编码，提炼出关键词，对关键词进行充分的讨论，并通过图表形式呈现，关键词见表 4.3；⑤通过多次的数据与理论之间比较，找出技术范式转变带来的机会窗口与动态能力的关系，归纳出中国后发企业超越追赶的特点。

表 4.3　构念、测度变量和关键词列表

构念	测度变量	关键词
机会窗口	发展方向不确定性	新兴技术、产品支持、政府支持、模糊概念
	外部技术获取难度	技术投资、专利壁垒、控制核心技术

续表

构念	测度变量	关键词
动态能力	感知能力	发现新范式、内部研发、搜索、跟踪、关注新市场、跟踪海外技术
	捕捉能力	新设公司、获取新资源、创造新产品、建立新流程、突破核心技术、开拓产品线、技术并购、创造新知识、布局新技术
	重构能力	客户关系管理、内部知识共享、内部资源整合、协调整合企业内外部资源、人才激励
技术追赶结果	产品新颖性	率先推出、全球第一家、独家推出、全球第一台、企业首款、国内第一只、国内首款、业界首款、世界第一、竞赛冠军、世界新纪录

4.3.4　阶段划分

在纵向案例研究中，要先对阶段进行划分（彭新敏等，2011）。视频监控是安防行业中最重要的子行业，占据了一半以上的安防行业市场。海康威视进入安防监控领域近 20 年，大事记如图 4.2 所示。

图 4.2　海康威视大事记

根据表 4.2 视频监控技术范式的发展阶段可知，该行业出现了三个技术范式转变时期。2001 年海康威视正式成立，以压缩板卡和嵌入式 DVR 进入数字化视频监控领域，处于构建必要知识基的起步阶段。2007 年，海康威视推出首款网络摄像机，开启网络化技术范式，安防产品市场占有率位列全国第一，此后一直引领国内安防行业的发展。2012 年海康威视跃居全球视频监控第一，2013 年海康威视推出业界首款 Smart IPC，引发业内智能化范式的快速增长，销售突破百亿元，2016～2017 年蝉联全球安防 50 强排行榜之首。因此，根据上述导致技术追赶结果发生剧变的时间节点，海康威视从 2001～2006 年为初始追赶阶段，2007～2012 年为超越追赶阶段，2013～2017 年为行业前沿阶段。海康威视技术追赶过程的阶段划分如表 4.4 所示。

表 4.4　海康威视技术追赶过程的阶段划分

追赶阶段	初始追赶阶段 （2001～2006 年）	超越追赶阶段 （2007～2012 年）	行业前沿阶段 （2013～2017 年）
技术范式转变	模拟化→数字化	数字化→网络化	网络化→智能化
关键事件	2003 年推出企业 首款 DVR 产品	2007 年推出首款高清 网络摄像机	2013 年推出业界 首款 Smart IPC
产品竞争力	同期国内领先	同期国际先进	同期国际领先

4.4　案 例 发 现

4.4.1　初始追赶阶段（2001～2006 年）

中国的视频监控市场起步于 20 世纪 70 年代末，当时的监控系统中传输的信号是模拟信号，属于模拟技术范式时代，中国市场被国外企业垄断，本土企业发展机会很小。90 年代中期，数字化技术开始在中国市场上出现，1999 年 DVR 的推出标志着中国视频监控数字化技术范式时代的到来。2001 年美国"9·11"恐怖袭击事件促进了数字视频监控的快速发展。

海康威视的前控股股东是中国电子科技集团公司第五十二所（以下简称五十二所），经过多年在相关领域的探索，发现了视频监控领域模拟技术范式向数字技术范式转变的机遇，从 1999 年开始研发数字音视频监控系统的核心产品。

杭州康银电子系统联营公司（以下简称康银公司）是海康威视的前身。1998 年之前，康银公司的研发人员通过模仿和自主研发熟练掌握了未来开发压缩板卡和嵌入式 DVR 的主要补充性技术。2000 年初，康银公司改制为浙江海康信息技术股份有限公司（以下简称海康股份公司），并于同年 3 月进入视频监控领域，开始研发压缩板卡，由于其对相关补充性技术已经熟练掌握，仅半年就完成研发，并于当年年底批量销售。

2001 年 11 月，为了抓住视频监控技术范式从模拟化转向数字化的机遇，海康股份公司与香港某公司合资成立了海康威视，并将音视频业务整体归入海康威视，该香港公司也调入掌握先进的数字视频监控的核心技术——音视频编解码技术的研发人员。海康威视由此成为国内唯一拥有先进的符合 MPEG(moving picture experts group，动态图像专家组)-4 编解码标准的音视频编技术的公司，并通过采用软压缩方案——先从国外直接购买通用数字信号处理芯片，后写入自己的编解码算法软件——成功开发出新一代基于 MPEG-4 压缩标准的压缩板卡。而其竞争对手普遍采用硬压缩方案，出现产品性能不稳定的问题，于是海康威视的压缩板卡成功占领市场先机，在市场竞争中占据明显优势地位。

2002 年，国际上存在着两种最新编解码技术标准：国际标准化组织(International Organization for Standardization，ISO)制定的 MPEG-4 标准和国际电信联盟(International Telecommunications Union，ITU)制定的 H.264 标准。虽然它们是同一代的新标准，但当时市场对 MPEG 系列的标准更为熟悉。在前景不明的情况下，海康威视选择串联开发模式，先后启动采用两种标准的产品研发工作。经研究和市场检验发现，H.264 标准在各方面的表现都优于 MPEG-4 标准，十分适合作为未来配套产品的开发基础。于是海康威视将 H.264 标准定位为首选标准，成为全球第一家采用 H.264 标准的企业，开发了一系列基于 H.264 标准的压缩板卡和嵌入式压缩设备，于 2003 年下半年开始批量销售。到 2003 年年底，海康威视的压缩板卡国内销量第一，国内市场的占有率超过 50%。海康威视作为后发企业，已在技术、市场销售等方面取得了国内领先地位。

海康威视于 2003 年初开始研发嵌入式 DVR。通过压缩板卡自主研发过程中的技术积累、引进专业技术人才、购买国外技术等获取技术的方式，凭借着公司对磁光存储技术的深刻理解，海康威视独家提出和实现了三项磁盘录像记录技术：磁盘预分配技术、硬盘冻结保护技术和低寻道技术，并在 2003 年年底正式向市场推出第一款嵌入式 DVR；在 2006 年实现了嵌入式 DVR 产品的国内销量第一；2007 年推出了全球第一台 16 路 D1 实时 DVR——DS-8016HF-S。海康威视初始追赶阶段核心事件与编码结果如表 4.5 所示。

表 4.5 海康威视初始追赶阶段的核心事件与编码结果

构念	测度变量	事例描述	关键词	编码结果
机会窗口	发展方向不确定性	音视频技术范式从模拟转向数字的态势已经形成，并且国内市场已有数字化范式的产品出现。S1	产品支撑	不确定性低
	外部技术获取难度	海康威视以合资方式成立，海康股份公司的音视频业务整体进入海康威视，也获得了股东投资的数字化范式的核心技术。S2	技术投资	获取难度低
动态能力	感知能力	五十二所发现音视频监控技术从模拟范式向数字范式的转变，开始探索视频监控的数字化技术范式。S2	发现新范式	低阶动态能力
		海康股份公司对数字化视频监控技术进行内部研发。S2	内部研发	

续表

构念	测度变量	事例描述	关键词	编码结果
动态能力	捕捉能力	2001 年，海康威视正式成立。S2	新设公司	低阶动态能力
		海康威视通过引进人才、购买国外技术等方式获取数字化范式的资源。S1	获取新资源	
		海康威视通过软压缩方案开发出基于 MPEG-4 压缩标准的压缩板卡。M1	创造新产品	
		海康威视研发部采用串联开发模式，先后对用 MPEG-4 和 H.264 两种标准的方案都进行开发（模块化）。M2	建立新流程	
技术追赶结果	产品新颖性	海康威视以软压缩方案率先推出基于最新编解码标准的压缩板卡。S2	率先推出	国内领先
		海康威视成为全球第一家采用 H.264 标准的企业。S2	全球第一家	
		海康威视独家提出且实现了三项磁盘录像记录技术。M2	独家推出	
		海康威视推出全球第一台 16 路 D1 实时 DVR。S1	全球第一台	

在技术创新方面，初始追赶阶段海康威视累计专利数（含专利申请）有 10件，其中发明专利 8 件，如表 4.6 所示。

表 4.6　海康威视 2001～2006 年各类专利申请数

公开年	发明专利	实用新型	外观专利	总数
2001 年	0	0	0	0
2002 年	0	0	0	0
2003 年	1	1	1	3
2004 年	0	0	0	0
2005 年	4	0	0	4
2006 年	3	0	0	3
合计	8	1	1	10

4.4.2　超越追赶阶段（2007～2012 年）

随着网络技术的发展与信息化建设的深入，视频监控技术范式开始向网络化转变，市场对存储产品网络化功能的要求也逐渐提升，此时网络视频录像机（NVR）系统开始普及。NVR 系统的前端是网络摄像机（IPC），IPC 将视频信号以 IP 码流的形式传输至 NVR 进行管理、存储等。相比于 DVR 系统使用传统的监控线缆进行连接，作为 IPC 的集中管理核心的 NVR 系统完全基于 IP 网络，可以更方便地利用现有有线或无线网络布局，节省布线成本，更适用于环境复杂、监控点分散的大型监控系统。1996 年，全球第一台 IPC 在瑞典的安讯士网络通讯公司（Axis Communications）诞生，由此打开了网络化技术范式的大门，而当时中国互联网发展处于起步阶段，网络视频监控更是无人问津。2004 年，国家开启了"平安城市"和"科技强警示范城市"的项目，引发了安防视频监控的新一轮技术变革。

为了提升敏锐的感知能力，对业内的最新动态持续跟踪，及时了解业内的创新技术发展趋势，捕捉有前景的创新知识和新兴技术，避免颠覆式创新技术给企业带来冲击，海康集团于 2004 年底成立了杭州海康数字音视频孵化器有限公司（以下简称海康孵化器）。其中的在孵企业可以在海康集团的支持下做集团想做但没精力或能力去做的事情。

海康威视副总裁郑一波在 2008 年访谈时说："大家都知道海康威视专注在压缩板卡、硬盘录像机和视频服务器上。三年前我们开始关注前端产品，并陆续投入一些研发资源，做一些基础的技术工作。"在当时的全球安防市场中，没有一家公司在摄像机（主要指枪机）、快球和 DVR 三条产品线中的两条都做得很好，海康威视找不到理想的合作公司，于是自己开拓了摄像机这一产品线。2004 年，海康威视投入人员研发摄像机的核心技术——ISP（in system programming，在线系统编程）技术，并逐步获得突破。2007 年，海康威视推出了首款高清 IPC，实现了由数字化向网络化的大步迈进。2009 年，海康威视全面突破了 ISP 技术，并由此推出国内第一只拥有自主知识产权的一体化机芯和国内第一款全实时 200万像素 CCD（charge coupled device，电荷耦合器件）高清网络摄像机，这也是第一款采用完全自主研发的 ISP 技术的摄像机。

2007 年，海康威视进军国际市场，在海外遇到专利壁垒。2009 年，海康威视开始建立并逐步完善覆盖全球的三级垂直服务体系：第一级是位于杭州的全球客户服务中心，拥有雄厚的优势资源，能够面向全球提供全面服务；第二级是分布在全球的子公司和分公司，总部垂直管理，与各主要市场平行对接；第三级是授权客户服务站，遍布全球，以本地化深入服务为特点，能够及时了解全球客户的需求变化并反馈总部。

2011 年，海康威视收购北京节点迅捷技术发展有限公司及其关联公司，受让关联人所有知识产权，为了获取网络化技术范式所需要的网络存储、信息存储相关技术，又收购了国内领先专业网络存储设备供应商——北京邦诺存储科技有限公司；2012 年，为了获取联网报警、安防报警相关技术，海康威视收购了河南华安保全智能发展有限公司。

2012 年开始，海康威视配合高清 IPC 的发布，自主研发多款 NVR 产品，并且在 H.265 标准推出之后，于 2014 年发布了业界首款支持该新标准的 4K 超高清NVR。海康威视超越追赶阶段的核心事件与编码结果如表 4.7 所示。

表 4.7　海康威视超越追赶阶段的核心事件与编码结果

构念	测度变量	事例描述	关键词	编码结果
机会窗口	发展方向不确定性	2004 年"平安城市"和"科技强警示范城市"项目开启视频监控技术范式向网络化转变。S1	政府支持	不确定性低
	外部技术获取难度	海康威视不具备网络化范式的核心技术，在网络化范式已经成熟的海外遭遇专利壁垒。M2	专利壁垒	获取难度高
动态能力	感知能力	海康孵化器为海康威视搜索市场和技术环境，跟踪技术发展趋势。M1	搜索、跟踪	中阶动态能力
		海康威视关注前端产品，发现没有符合其合作标准的前端产品制造商。M3	关注新市场	
	捕捉能力	海康威视提前涉足前端视频监控的技术研发，并完全突破核心技术。S1	突破核心技术	
		海康威视开拓摄像机产品线，全面进入前端视频监控领域。S1	开拓产品线	
		海康威视收购北京节点迅捷技术发展有限公司、北京邦诺存储科技有限公司和河南华安保全智能发展有限公司，以获取相关技术。S1	技术并购	
	重构能力	海康威视构建覆盖全球的三级垂直服务体系。S2	客户关系管理	
技术追赶结果	产品新颖性	2007 年，海康威视推出第一款高清 IPC。S2	企业首款	国际先进
		2009 年，海康威视推出国内第一只拥有自主知识产权的一体化机芯和国内首款全实时 200 万像素 CCD 高清网络摄像机。S1	国内第一只、国内首款	
		2014 年海康威视发布业界首款支持 H.265 标准的 4K 超高清 NVR。S1	业界首款	

在超越追赶阶段，海康威视敏锐地发现了视频监控技术数字化范式向网络化范式转变的趋势，对视频监控前端设备的核心技术进行研发，并且于 2008 年全面切入前端视频监控领域，从单一产品制造商转型为综合产品制造商。该阶段海康威视的专利数（含专利申请数）相较于数字化范式阶段有了显著的提升，具体如表 4.8 所示。

表 4.8　海康威视 2007～2012 年专利申请数

公开年	发明专利	实用新型	外观专利	总数
2007 年	1	1	0	2
2008 年	2	0	0	2
2009 年	7	4	8	19
2010 年	50	8	25	83
2011 年	45	11	18	74
2012 年	83	23	19	125
合计	188	47	70	305

4.4.3　行业前沿阶段（2013～2017 年）

　　随着网络化视频监控技术范式的兴起，大范围监控成为可能，同时，恐怖袭击事件使得全球安全形势逐渐严峻，全世界范围内的监控摄像机密度空前高涨。安防前端设备不断增多，就有丰富的视频数据可供实时报警和事后查询，但是海量的视频数据也意味着无法单纯通过人工来进行检索与分析，需要依靠智能化技术来实现实时分析视频内容，探测异常信息，进行事中分析等工作，因此用户对智能化视频监控技术的需求日益增多，但具体方案仍在探索中。

　　2005 年，国内市场还没有可支撑智能化技术范式的产品，安防的智能化就为海康威视等对前沿技术敏感的企业作为一种不清晰的概念所提及（刘毅，2007）。2006 年，海康威视开始筹划智能分析技术的研发工作，为此专门组建了智能算法团队，这一阶段被海康威视副总裁贾永华称为"智能 1.0 时代"。而后，国内用户对智能视频监控应用的需求开始出现，但由于国外厂商控制着智能化的核心技术，国内很多厂商选择通过 OEM 的形式推广国外技术的应用（李子青，2007）。2012 年，深度学习理论在国外取得突破后，海康威视迅速加大了对智能技术的研发投入。同年，海康威视建立了人才评鉴中心，并在此基础上构建了完善的人才培养体系，有着全方位立体化的培训模式，培养了许多核心人才，为企业内部新知识的传播奠定了深厚的基础。

　　在智能 1.0 时代，海康威视于 2013 年推出了业界首款 Smart IPC，从此引发了全行业的智能化迅速增长。同年，海康威视开始了深度学习技术的布局。2014 年，海康威视成立了海康威视研究院，该研究院由智能分析、大数据技术、感知技术和多媒体技术等专业团队组成，专注于研究音视频的智能算法，大数据的分析、挖掘和计算，同时对新的图像传感器等感知技术，视频的播放技术，人机交互等多媒体技术进行深入研究。目前，海康威视研究院所涉及的众多领域的研究都走在行业前列。除了企业内部对前沿技术进行探索，海康威视还与多所高校共建实验室，通过产学研合作协调整合企业内外部资源，促进技术创新所需资源的有效组合，如 2015 年海康威视与北京大学联合组建大数据智能处理联合实验室，2016 年，海康威视与中国刑事警察学院共建视频侦查技术实验室，与中国人民公安大学共建视频图像侦查技术实验室。为了鼓励企业内部持续创新，海康威视在 2016 年制定了新的组织管理制度，启动"创新业务跟投方案"，激励人才发展，探索智能化技术范式下的前沿技术及其商业价值。

　　在技术创新方面，2015 年，海康威视的深度学习技术研究团队分别取得 MOT Challenge4 多目标跟踪技术、KITTI5 车辆检测和车头方向评估算法测评世界第一。

2016 年，在一项"计算机视觉的多目标跟踪算法"测评中，海康威视与包括斯坦福大学、加州大学在内的 47 个国际顶级研究团队及高校同台竞技，最终夺得桂冠。同年，海康威视参加了 PASCAL VOC 图像识别分类竞赛，在目标检测任务中领先了第二名 Microsoft 4.1 个点，在获得冠军的同时，还刷新了世界纪录。在人工智能（artificial intelligence，AI）作为概念席卷安防行业时，海康威视在 2017 年10 月底的安防展会上，发布了引领行业的"海康 AI Cloud 框架"，应用了海康威视的人工智能解决方案及配套产品，涵盖了一系列智能产品和大数据、算法调度等技术平台，站在了行业技术创新前沿，并宣布在国内基本达到全覆盖。海康威视行业前沿阶段的核心事件与编码结果如表 4.9 所示。

表 4.9　海康威视行业前沿阶段的核心事件与编码结果

构念	测度变量	事例描述	关键词	编码结果
机会窗口	发展方向不确定性	2005 年，在国内智能化范式只是一个没有产品支撑的模糊概念。S1	模糊概念	不确定性高
	外部技术获取难度	智能化技术范式作为最前沿的技术范式，国外厂商控制核心技术，国内企业多采用 OEM 的形式推出智能化产品。S1	控制核心技术	获取难度高
动态能力	感知能力	海康威视建立以杭州为中心的全球研发中心体系。S2	跟踪海外技术	高阶动态能力
	捕捉能力	2006 年，海康威视开始智能化分析技术的研发。M1	创造新知识	
		2013 年，海康威视开始深度学习技术的布局。M3	布局新技术	
	重构能力	海康威视建立了人才评鉴中心，评定核心人才，开展针对性培训。S2	内部知识共享	
		海康威视成立海康威视研究院。S2	内部资源整合	
		海康威视与北京大学建立大数据智能处理联合实验室。S2 海康威视与中国刑事警察学院共建视频侦查技术实验室、与中国人民公安大学共建视频图像侦查技术实验室。S2	协调整合企业内外部资源	
		海康威视启动"创新业务跟投方案"，鼓励员工内部创业。S2	人才激励	
技术追赶结果	产品新颖性	2013 年，海康威视推出业界首款 Smart IPC。S1	业界首款	国际领先
		2015 年，海康威视的深度学习技术研究团队取得 MOT Challenge4 多目标跟踪技术、KITTI5 车辆检测和车头方向评估算法测评世界第一。S1	世界第一	
		2016 年，海康威视在一项"计算机视觉的多目标跟踪算法"测评中夺得桂冠。S1	竞赛冠军	
		2016 年，海康威视参加了 PASCAL VOC 图像识别分类竞赛，在目标检测任务中获得冠军，刷新了世界纪录。S1	世界新纪录	

智能 1.0 时代的技术储备，为海康威视突破行业发展天花板提供了很好的技

术支撑。当智能 2.0 即人工智能时代来临的时候，海康威视以深度学习为基础的智能化产品很快脱颖而出。海康威视凭借着深厚的技术储备、持续的高研发投入以及长远的战略目光，在智能化范式阶段实现了多领域技术创新，成为行业的领先者。该阶段，海康威视的专利申请数量急剧上升，共有 1644 件专利申请，平均每年约 330 件，如表 4.10 所示。

表 4.10   海康威视 2013～2017 年专利申请数

公开年	发明专利	实用新型	外观专利	总数
2013 年	55	27	20	102
2014 年	86	39	59	184
2015 年	125	101	207	433
2016 年	105	71	182	358
2017 年	254	119	194	567
合计	625	357	662	1644

4.5   案 例 讨 论

综合表 4.5～表 4.10 的分析，三个阶段的编码结果总结如表 4.11 所示。从技术追赶结果来看，在三个阶段中，海康威视的研发创新能力都得到了显著的提升。在初始追赶阶段，海康威视共申请了 10 项专利，发明专利 8 项，整体技术水平达到国内领先，其中嵌入式 DVR 达到了国际先进水平。在这个阶段中，海康威视借助股东的技术经验和研发人员投入，在数字化范式的视频监控领域为实现初始追赶积累了必要的技术和资源基础。在超越追赶阶段，海康威视的专利申请增长到 305 项，并且其中发明专利有 188 项，占总数的 61.6%，海康威视在这一阶段突破了前端视频监控的核心技术，推出的高清 IPC 达到了国内领先水平，NVR 达到了国际先进水平。在行业前沿阶段，海康威视的专利申请数增长到 1644 项，其中发明专利有 625 项，海康威视的多项智能化前沿技术获得多项国际竞赛奖项，达到了国际领先水平。

表 4.11   三次技术范式转变时期海康威视追赶特征比较

相关概念		初始追赶阶段	超越追赶阶段	行业前沿阶段
机会窗口	发展方向不确定性	低	相对较低	高
	外部技术获取难度	相对容易	相对困难	困难

续表

相关构念		初始追赶阶段	超越追赶阶段	行业前沿阶段
动态能力		低阶	中阶	高阶
感知能力		++	++	+
捕捉能力		++++	+++	++
重构能力		—	+	++++
技术追赶结果	产品新颖性	国内领先	国际先进	国际领先
	专利申请数	10，发明专利为主	305，发明专利为主	1644，发明专利和外观专利为主

注："+"表示该能力的强弱，"+"越多表明该能力表现越强。

因此，海康威视根据技术范式转变带来的"机会窗口"的不同性质来构建并提升企业动态能力（从低价到中阶再到高阶），从而实现超越追赶，走向行业前沿，其全景过程如图 4.3 所示。

在初始追赶阶段，视频监控技术范式从模拟化转向数字化，虽然当时数字化技术范式对于我国企业来说是新兴技术，但由于国内视频监控较国外晚了 20 年，该范式在国外已相对成熟，因此外部存在着成熟的知识库，境外企业也愿意向后

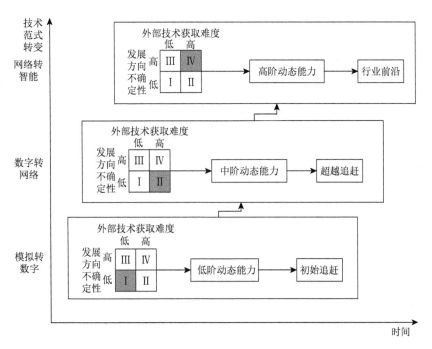

图 4.3　技术范式转变下海康威视基于动态能力的技术追赶过程

发企业进行技术投资，合资创办公司，外部技术获取较为容易，而且 1999 年数字化安防产品开始进入中国消费者的视线，即新技术范式在中国市场上已有产品支撑，技术发展方向基本确定，属于机会窗口的第一象限。基于发展方向确定、外部技术获取容易的机会窗口性质，海康威视选择以合资的形式成立，因此成为国内第一家拥有先进的符合最新编解码标准的音视频编解码技术的公司，技术水平达到国内领先，动态能力主要体现为感知能力和捕捉能力，属于低阶动态能力。

在超越追赶阶段，视频监控技术范式从数字化向网络化转变，由于在 20 世纪末国际市场上就出现了基于网络化技术范式的安防产品，且国内互联网的飞速发展为视频监控领域的网络化指明了发展方向，即国内音视频技术向网络化技术范式转变是必然之势，因此，该机会窗口具有较低的技术发展方向不确定性。另外，不同于初始追赶阶段，海康威视自身的网络化技术范式的知识和技术储备不足，需要从外部获取新技术，但因为海康威视竞争力迅速提升，仅用六年就入围了全球安防 50 强，成为强劲的竞争对手，在海外遇到了专利壁垒，获取外部技术的难度提升，机会窗口处于第二象限。根据该阶段机会窗口的特征，海康威视对其动态能力做出了相应的调整和提升，除了海康威视自身研发部门对技术发展变化趋势的关注与探索，海康集团在数字化阶段建立的海康孵化器也成为海康威视的感知能力。相对于前一阶段仅靠控股股东的研发部门所提供的感知能力，海康孵化器帮助海康威视持续跟踪行业内的技术变化趋势，提升敏锐度。在这一阶段，为了弥补自身的技术短板，海康威视通过多次并购获取网络化范式所需要的主要技术，再加上持续的高强度研发，突破了视频监控前端的核心技术，达到国际先进水平。除此之外，海康威视在该阶段开始布局全球市场，构建覆盖全球的三级垂直服务体系，通过客户关系管理将从全球市场获得的知识整合成企业知识库，有效支撑了其对技术范式网络化的把握。该阶段海康威视主要以感知能力和获取能力为主，重构能力作用为辅，是中阶动态能力。

在趋近行业前沿阶段，网络化技术范式在我国刚兴起，国内对前沿技术敏感的企业已经开始预测下一个技术范式的到来，而当时智能化技术范式还是一种不清晰的概念，即这个新技术范式的发展前景很不明确；另外，智能化技术范式是最前沿的范式，在海康威视发现并提前布局智能化时，市场上还没有相关产品可以支撑，国外厂商封锁着智能化范式的核心技术，外部技术获取难度高，处于机会窗口第四象限。为了适应这次机会窗口的特征，海康威视构建的三级垂直服务体系及不断完善的全球研发网络使其感知能力再次得到提升，海康威视提前预测到了智能化范式的到来，在 2006 年就开始了智能技术的相关布局和研发工作。由于前两个阶段为推动智能化技术范式的发展积累了雄厚的资金和技术储备，为了抓住网络化技术范式转智能化技术范式的机会窗口，海康威视整合企业内外部资源建立了海康研究院和全球研发中心体系、与多所高校开展产学研合作作为强大的知识和技术能力支撑，企业内部启动了"创新业务跟投方案"制度激励员工，保持对前沿技术的敏感度。在该阶段，海康威视的动态能力是高阶动态能力，以重构能力为主。

4.6　结　　论

技术范式转变开启的机会窗口为后发企业提供了重要的追赶契机，但后发企业如何通过动态能力实现技术追赶的过程却仍不明确。通过对海康威视在视频监控领域的三个技术范式阶段的纵向案例分析，讨论了后发企业利用机会窗口实现技术追赶的过程，以及在各个阶段动态能力的特征。研究发现，动态能力支撑了企业在技术范式转变时期内外部知识和资源的协调与整合。动态能力作为后发企业应对外部环境复杂变化的重要能力，可以帮助企业提早发现技术范式转变的趋势，把握技术范式转变带来的机会窗口，整合企业内外部搜索和学习到的分散的技术知识与资源。动态能力不是一成不变的，而是在技术追赶过程中呈现出从低阶到中阶再到高阶的演化规律，并促进后发企业实现了从初始追赶向行业前沿的跃进。

本章结论对企业后发追赶和动态能力理论都有一定的贡献。首先，丰富了后发追赶理论。以往关于后发追赶的研究主要关注后发企业的追赶前期，考虑整个追赶周期的研究较为缺乏（Dutrénit，2004；Hobday et al.，2004；Lee and Malerba，2017）。本章研究以多次行业技术范式转变为背景，考虑了不同技术范式转变时期所开启的机会窗口的具体差异，完整分析了后发企业技术追赶的全过程，从而丰富了后发追赶的相关研究。其次，深化了动态能力理论。动态能力对企业的后发追赶具有重要的意义，但以往研究大多没有考虑到动态能力自身的变化，本章研究发现后发企业在技术追赶过程中动态能力将会由低阶到高阶持续演化，从而弥补了动态能力理论的不足。

本章研究发现对管理实践也具有一定的启示意义。技术范式的转变是后发企业实现追赶的重要战略契机，但不同的技术范式转变时期带来的机会窗口具有不同的性质。后发企业追赶首先需要辨别技术范式带来机会窗口的性质，再相应地构建和实施动态能力。具体来说，当机会窗口表现为发展方向已定且外部技术获取难度低时，后发企业可以直接将发展方向锁定在新技术范式上，通过低阶动态能力获取新技术范式下的核心技术，进入初始追赶阶段；当机会窗口呈现发展方向确定但外部技术获取难度高的特征时，低阶动态能力无法满足抓住该机会窗口的需求，后发企业需要提升动态能力，通过中阶动态能力来抓住这一机会窗口，从初始追赶转向超越追赶；发展方向不确定性高且外部技术获取难度高是后发企业走向行业前沿的重要契机，此时机会窗口的性质决定了通过低阶和中阶动态能力抓住该机会窗口的方式不可行，高阶感知能力可以加长预测提前期，进入超越追赶的后发企业在此时已经具备了足够的研发能力和投资资金，可以通过以重构能力为主的高阶动态能力提前布局新技术范式，进而引领行业前沿。

第5章 机会窗口与联盟组合：舜宇光学超越追赶案例研究

5.1 概 述

后发追赶理论认为，技术范式转换开启的技术机会窗口，或者市场需求变化引致的需求机会窗口，都是后发企业赶超领先者难得的战略机遇（Perez and Soete，1988；Lee and Malerba，2017；徐雨森等，2014；吴晓波等，2019；Guo et al.，2019）。后发企业通常一开始面临着缺乏核心技术与远离领先市场两种劣势（Hobday，1995），在机会窗口期通过构建联盟组合来获取所必需的技术知识和市场资源是它们实现技术赶超的一个重要途径（彭新敏等，2011）。企业通过缔结多个联盟来构建联盟组合，不仅能够获取各单个联盟创造的价值之和，如降低企业间的交易成本（Kogut and Singh，1988）、从合作伙伴那里获得关键资源（Chung et al.，2000；Das and Teng，1998；Lavie and Miller，2008）、向合作伙伴学习（Inkpen，2000）、降低未来的不确定性等（Kogut and Chang，1991），还可以获得多个联盟的协同效应，如关系多样性带来的高灵活性和探索性（Powell et al.，1996；Baum et al.，2000；Ozcan and Eisenhardt，2009）。但现实中，尽管企业拥有的联盟组合的规模在增长，成功率却并不高，大约有半数的联盟以失败告终（Kogut，1989；Park and Ungson，2001）。联盟组合的构建和运营过程中有很多隐秘的"陷阱"，很多看上去健康、牢固的联盟组合可能在结构和关系治理上有重要的缺陷，致使企业绩效快速下滑甚至拖累企业的正常运营（詹也和吴晓波，2012）。但现有研究更多的是基于横截面数据探讨联盟组合的构型特征及其绩效影响，对联盟组合过程的研究较为匮乏（符正平等，2011），基于跨时视角研究后发追赶情境下联盟组合过程的研究则更为稀少。

对于发展中国家后发企业而言，在经历了早期的知识和技术积累之后，逐步从以国内领先为目标的初始追赶阶段进入以国际领先为目标的超越追赶阶段（Figueiredo，2014；Choung et al.，2014；彭新敏等，2017；吴晓波等，2019）。在这一新的发展阶段，后发企业逐渐接近行业技术前沿，发达国家领先企业不再像以前那样愿意转移其技术，加之技术本身也更加复杂，直接引进发达国家的技术变得越来越困难，后发企业面临着从模仿者向创新者转型的新挑战（Choung et al.，2014）。但现有研究大多集中在早期追赶阶段，对超越追赶阶段后发企业如何构建联盟组合这一问题并没有进行充分的阐述（彭新敏等，2017）。因此，我们的研究问题是：面对不同的机会窗口，后发企业如何构建相应的联盟组合以实现技术赶超？我们通过对舜宇光学 1984～2018 年追赶历程的研究，分析后发企业在不同追赶阶段，如何根据机会窗口性质构建相应的联盟组合来实现技术赶超。

5.2　文　献　回　顾

5.2.1　机会窗口与后发追赶

后发企业的学习与追赶一直是我国技术创新领域的研究热点。机会窗口整合了技术、需求、制度等多层次情境因素，成为解释后发企业成功追赶的重要理论基础（Perez and Soete，1988；Lee and Malerba，2017；吴晓波等，2019）。早期对机会窗口的研究大多从技术范式转变的角度解释行业领导者易位现象（Perez and Soete，1988），Lee 和 Malerba（2017）进一步从行业创新系统角度完善了机会窗口的概念，将其划分为技术、需求和制度三种类型。机会窗口对行业内所有企业同时开启，但为什么只有少量后发企业能够抓住这一战略机遇（朱瑞博等，2011）？基于这一疑问，当前关于机会窗口的研究逐渐从行业层面的领导者易位聚焦于企业战略层面如何捕捉机会窗口。如徐雨森等（2014）以 HTC 公司为例，研究了快变市场环境下基于机会窗口的创新追赶历程，以及各个阶段对后发企业内在能力的要求。Guo 等（2019）将企业层面的战略与行业层面的外部条件联系起来，分析了华为利用技术构建和市场开拓双重战略来捕捉技术与需求机会窗口的持续追赶的动态过程，并对新兴经济体跨国企业如何发展企业特定优势进行了理论分析。吴晓波等（2019）探究了机会窗口与企业创新战略的匹配关系对后发企业追赶绩效的影响，发现在追赶与超越追赶两个阶段，技术、需求与制度三种不同类型的机会窗口与企业不同的创新战略相匹配才能有效促进企业追赶绩效的持续提升。

总体来看，关于机会窗口是后发追赶的重要机遇已形成广泛认知，但目前现有研究往往集中于某一种类型的机会窗口，忽视了两个或多个不同类型机会窗口发生情境下后发企业追赶战略的变化（Guo et al.，2019；吴晓波等，2019），因此需要对机会窗口性质进一步探究。根据已有理论研究及本章的研究主题，从机会来源与机会不确定性两个维度来分析机会窗口的性质，并认为这两个方面会影响后发企业联盟组合的构建，如图 5.1 所示。

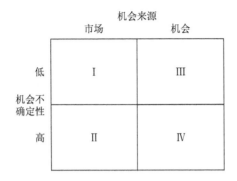

图 5.1　机会窗口性质的分析框架

第一个维度是机会来源，主要考察技术变革或市场变化带来的机会窗口（Lee and Malerba，2017）。技术机会窗口是一项新技术的出现或根本性创新被引进时带来的追赶机会。如果在位者被现有技术所束缚，那么在位者可能会落后，出现"在位者陷阱"（Chandy and Tellis，2000），对后发者而言是"技术机会窗口"。需求机会窗口指商业周期或市场需求的突然变化提供的机会，或者用户和消费者创建新需求所提供的机会。在位者可能不会回应这种新的需求，因为它们在现有的市场和客户中取得了成功。如果新的需求快速增长，这种效应可能会为后发者提供充足的追赶机会。

第二个维度是机会不确定性。Lavie 等（2010）认为，变革不确定性会影响企业的能力重构机制，是考察变革的一个重要维度。机会不确定性指技术进步或需求变化未来进程的模糊性和难以预测性（Tushman and Anderson，1986；Pfeffer and Salancik，1978），例如，未来的主导设计尚未确定，不同的技术在竞争着主导设计范式，从而导致企业决策者对于相关组织环境变化的性质难以确定（Eggers and Park，2018）。

5.2.2　联盟组合视角的引入

联盟组合，也称为焦点企业的自我中心网络，是指以焦点企业为中心，焦点企业与外部联盟伙伴直接联结关系的集合（Gulati，1995；詹也和吴晓波，2012）。随着经济全球化的日益深入，技术变革步伐不断加快，外部环境不确定性越来越高，企业同时与不同的伙伴缔结多个联盟的现象已屡见不鲜。传统的联盟研究聚焦于单个联盟之间的两两关系研究，但联盟组合不是一系列单一的联系，而是一种高绩效投资组合，企业会同时与多个合作伙伴建立联系（Ozcan and Eisenhardt，2009）。一方面这种联盟组合降低了企业发展所面临的风险，另一方面也集聚了企业发展所需要的关键资源（Anand and Khanna，2000）。

对于后发企业而言，它们在技术追赶过程通常需要克服两种劣势。第一种是技术劣势，后发企业通常远离发达国家的技术和研发源头，与世界科技和创新中心距离遥远，在科学、工程、技术和研发方面处于落后的地位；第二种是市场劣势，后发企业远离领先用户，与它们希望供应的主流国际市场距离遥远（Hobday，1995；江诗松等，2012）。联盟组合中的焦点企业既可以通过与不同联盟伙伴合作在多个职能领域同时运营（Lavie and Rosenkopf，2006），也可以凭借多样化的伙伴关系来降低组织内部资源稀缺的限制（彭新敏和孙元，2011）。先前研究已经证明了联盟组合与企业的创新绩效有重要的关联，如 George 等（2001）发现在许多高科技产业中，战略联盟可提供用于发展企业能力的知识，因此后发企业有可能通过构建恰当的联盟组合克服两种后发劣势从而实现技术赶超。

但是，企业如何构建高绩效联盟组合还未形成统一的结论。如 Rothaermel 和 Deeds（2004）将组织学习的探索—开发框架与技术企业的战略联盟联系起来，认为新产品开发的不同阶段需要构建不同的联盟类型。具体来说，在新产品开发时，企业采取的是探索性联盟，在新产品商业化时，企业需要的是利用性联盟。Capaldo（2007）运用纵向案例比较研究，考察了两种不同知识密集型联盟网络结构（强关系网络和双重网络）对焦点企业创新能力的影响，认为整合大量外围异质性弱关系与少数核心强关系的双重网络是一种独特的关系能力，它为联盟网络中焦点企业获得竞争优势提供了肥沃的土壤。Jiang 等（2010）基于资源和动态能力观，考察了联盟组合多样性与企业绩效的关系。联盟组合多样性的增加，一方面会增加复杂性和协调成本，另一方面也会提供更广泛的资源和学习效益。研究发现，职能多样性的增加会使企业探索和开发活动更加平衡，从而扩大了企业的知识库；治理多样性的增加会抑制企业学习和日常建设，因此，具有更大组织职能多样性和更低治理多样性的联盟投资组合与更高的企业绩效相关。

总体来说，虽然联盟组合增加了企业从合作者那里获取互补性资源的机会，提高了企业所获知识的新颖度（Parkhe，1991；Goerzen and Beamish，2005），但是联盟组合也具有相当高的成本，过多的联盟会增加合作者之间的技术距离，降低企业的相对吸收能力，阻碍知识在合作者之间的有效转移（Lane and Lubatkin，1998；Darr and Kurtzberg，2000）。对于后发企业来说，在技术追赶过程中会面临不同的机会窗口，企业自身又有着不同知识与能力积累，因此如何恰当配置联盟组合以持续实现追赶仍需在理论上进一步探索。本章基于跨时视角探讨后发企业追赶过程中联盟组合的形成过程及其特征，以期为后发企业利用联盟组合实现技术赶超提供更多的理论依据与指导。

5.3　研　究　设　计

案例研究适合回答"为什么"及"如何"的问题（Yin，2014；Eisenhardt，1989），本章考察的正是关于"如何"的问题，因此适合采用纵向案例研究方法。相对于其他研究方法，纵向研究以时间为序，展示了现象随着时间变化而发生变化的过程，并揭示随着时间的演变，现象背后所隐含的动态机制如何起作用（van de Ven and Huber，1990；Siggelkow，2007）。因此，纵向案例研究可以更好地突出情景、展示过程和揭示关系，有利于读者更深刻地理解理论和现象。

5.3.1　案例选择

本章选择了国内光学产品制造行业的领导企业舜宇光学作为案例研究对象，主要原因如下。

（1）选择该行业是因为其属于高技术产业，技术创新活动较为频繁，市场需求变化较多。首先，从 20 世纪 80 年代至今，光学行业主导技术发生了多次变革，第一次是以光学冷加工为代表的传统光学向以摄像模组为代表的现代光电技术转变，第二次是从现代光电走向智能光学技术。其次，光学产品市场经历了从传统相机、数码相机、功能手机、智能手机、车载镜头等不同需求场景的变化，出现了不同细分市场的需求机会。对于企业来说，因为快速变化的环境和日趋激烈的竞争，联盟组合成为该行业常用的战略，所以该行业有利于观察不同机会窗口下企业利用联盟组合实现技术追赶的过程。

（2）案例企业舜宇光学成立于 1984 年，由乡镇企业起步，2007 年在香港联交所主板上市，2015 年营业收入超过百亿元，主要产品包括光学零件、光电产品和光学仪器等，是中国领先的综合光学产品制造商。图 5.2 显示，1985～2018 年舜宇光学营业收入保持连续快速增长，从 1985 年的 19 万元发展到 2018 年的 259 亿元，平均年增长 53.58%。舜宇光学在其发展过程中与科研院校、同行企业和上下游厂商均有积极的合作，构建了不同形式的联盟组合，因此其发展历程符合本章关于后发企业联盟组合与技术追赶的研究主题。

5.3.2　数据收集

本章采用了文献资料、档案资料、人员访谈等多种不同的数据收集方法，确保通过多样化的研究信息和资料来源以对研究数据进行相互补充与交叉验证，以构成"三角验证"（Yin，2014；Patton，1987），确保研究的信度与效度。

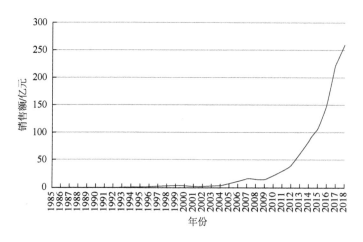

图 5.2　舜宇光学 1985～2018 年销售额增长

（1）文献资料。编码为 S1，通过中国期刊全文数据库、重要报纸全文数据库、行业统计报告、行业协会刊物等检索与舜宇光学相关的文献；通过百度等搜索引擎搜索有关舜宇光学的信息；通过舜宇光学网站、政府主管部门网站以及行业协会网站了解舜宇光学的相关信息。

（2）档案资料。编码为 S2，档案文件主要包括公司年报、宣传资料等。研究人员收集了 2007 年舜宇光学的公开招募书，查阅了舜宇光学 2007～2018 年的公司年报。另外，研究人员还通读了王文鉴（2017）撰写的书籍《实践与探索：舜宇集团发展之路》（上下两册），书中记录了舜宇光学自创立以来的重大事件，为了解舜宇光学各时期的战略和发展提供了丰富的信息。

（3）人员访谈。从 2018 年开始，作者先后与舜宇光学战略副总裁、技术经理、生产经理等管理人员进行了访谈，分别编码为 M1、M2、M3，合计 350 分钟，并给不同访谈人员进行了编号。每次访谈平均持续时间约为 100 分钟，并在访谈结束 24 小时内对访谈记录进行整理。

5.3.3　构念测度

在构念测度上，我们针对机会窗口、联盟组合以及追赶绩效三个关键性构念进行测度，如表 5.1 所示。

表 5.1　关键构念测度

构念	测度变量	特征表达
机会窗口	技术机会	新技术或激进的创新所提供的机会
	需求机会	用户或消费者创建新需求所提供的机会
	不确定性	技术进步或需求变化未来进程的模糊性和难以预测性
联盟组合	职能环节	联盟伙伴在价值链上的位置与职能
	治理机制	股权性治理或契约性治理
追赶绩效	技术能力	基本工艺能力、工艺创新能力、产品设计能力、产品开发能力
	市场地位	国内前列、国内榜首、国际前列

（1）机会窗口：我们测度的机会窗口对于案例企业来说都是外生的（吴晓波等，2019），并从机会来源和机会不确定性两个维度共同衡量。机会来源分为技术机会和需求机会两个方面，技术机会主要指行业技术范式变迁带来的机会，需求机会主要指用户或消费者创建新需求所提供的机会。机会不确定性分为高与低两个程度（彭新敏和姚丽婷，2019），若新技术在市场上得以应用或有相关产品出现，或者未来市场需求较为明确具体，则不确定性较低；如果新范式下主导设计尚未确定（Utterback and Abernathy，1975），或者新的市场需求特不明显，则不确定性较高。

（2）联盟组合：联盟组合主要从职能环节和治理机制两个维度进行测度（Jiang et al.，2010；彭新敏等，2016）。首先，联盟伙伴类型按照合作职能进行分类，包括以新技术研发为目的的联盟和以新市场开拓为目的的联盟。以新技术研发为目的的联盟包括上游的研发机构、供应商甚至同行企业；以新市场开拓为目的的联盟包括下游客户或经销商。其次，治理机制可分为股权性治理与契约性治理（Gulati，1995）。股权性治理包括参股、股权交换、合资等方式；契约性治理没有共有股权，包括许可、特许经营、联合研发、联合产品开发、长期供货安排、联合制造、共同标准研究、联合营销、共享分销渠道等合作方式（李新春，2006）。

（3）追赶绩效：现有文献讨论后发国家企业的追赶时通常涉及两种类型的追赶，一种是市场方面的追赶，如市场占有率追赶或者产出的追赶；另一种为技术方面的追赶，如技术水平、动态创新能力等的追赶（Lee and Lim，2001；Awate et al.，2012）。因此，主要用市场地位和技术能力测度后发企业追赶结果（Lee and Lim，2001）。根据文本资料与市场份额数据，市场地位可分为国内前列、国内榜首、国际前列三个等级（吴晓波等，2019）。根据 U-A 动态创新模型（Utterback and Abernathy，1975），企业技术能力可分为工艺创新和产品创新两个层次，工艺创新表现为基本工艺能力和工艺创新能力，如更高的生产效率、更大的生产规模；产品创新体现为产品设计能力和产品开发能力，测度时以文本资料为主，客观数据辅助。

5.3.4　阶段划分

纵向案例分析首先要进行阶段划分（彭新敏等，2011），阶段划分主要依据导致关键构念发生重大变化的关键事件（江诗松等，2011a）。案例企业发展过程中的里程碑事件如表 5.2 所示。1984 年，案例企业成立之初主要为传统照相机提供镜头和镜片，1989 年开始走向国际市场；随着现代光电技术的发展，1999 年，舜宇光学开始进入光电技术领域，开始生产计算机摄像头、手机摄像模组、车载摄像模组等产品。随着人工智能技术的突破，舜宇光学 2014 年开始布局智能光学技术，由被动追赶转为主动引领光学行业的智能化发展。因此，将舜宇光学的发展分为四个阶段：1984～1988 年为起步阶段，进入光学行业；1989～1998 年为增长阶段，成为光学行业的国内领先者；1999～2013 年为转型阶段，进入现代光电技术领域，并成为光电制造的领先企业；2014～2018 年为超越阶段，进入智能光学技术领域，开始引领行业的发展。

表 5.2　舜宇光学里程碑事件

年份	关键事件
1984 年	舜宇光学前身余姚市第二光学仪器厂成立
1987 年	与天津东方照相机公司合作成立天津照相机公司余姚光学镜头联营厂
1988 年	与江西光学仪器总厂合作，成立凤凰照相机（集团）公司余姚光学元件厂
	与杭州照相机械研究所联营，成立国家机械工业委员会杭州照相机械研究所余姚联营厂
	与浙江大学建立科研生产联合体，更名为浙江大学光仪系统余姚光电仪器厂
1992 年	与香港、台湾地区的企业合资成立了三家企业，分别为宁波华达光电仪器有限公司、余姚裕盛光电仪器有限公司、宁波领东光电仪器有限公司
1997 年	开始生产自动安平水准仪，进入测绘仪器领域，自主开发了扫描仪镜头
1999 年	开始生产计算机摄像头，进入光电信息领域，通过 ISO9002 质量体系认证
2004 年	开始手机模组的设计和生产，进入现代光电领域，手机摄像模组实现量产，同时研发车载镜头
2005 年	世界顶级投资公司 INVESTOR AB 和美国成为创业基金加盟舜宇光学，成为公司新股东 手机照相模组业务独立
2006 年	在日本成立子公司，同时进入红外光学领域
2007 年	舜宇光学在香港联交所主板上市
2008 年	收购韩国力量光学

续表

年份	关键事件
2010 年	舜宇光学提出全面转型升级的战略举措
2011 年	光学镜头通过世界最大的模组公司夏普进入世界一流手机厂商，车载光学系统通过国际著名的汽车电气公司进入奔驰、宝马、奥迪等全球一流汽车品牌企业
2012 年	在美国硅谷和韩国水原成立了以市场开拓和技术支持为目的的子公司
2013 年	与柯尼卡美能达（上海）签订战略合作协议
2014 年	收购原柯尼卡美能达光学仪器（上海）有限公司的手机镜头工厂，收购美国米德
2016 年	舜宇光学中央研究院在杭州成立，开启新基地建设
2017 年	完成 400 万像素和 800 万像素车载镜头的研发，大力推进机器换人计划
2018 年	舜宇光学网络学院正式启动

5.3.5　数据分析

数据分析是案例构建理论的核心。

（1）使用文献、档案和访谈收集到的数据撰写案例企业发展历程（Yin，2014；Eisenhardt，1989）。对数据进行三角验证，要求所有主题必须经过不同数据收集方法的印证（Jick，1979）。两名研究人员分别回顾这些原始资料，形成案例企业联盟组合构建过程的独立意见。

（2）基于先前确定的编码方案对四个追赶阶段的机会窗口、联盟组合、追赶结果进行相互独立编码，分析每个案例企业在面临每次机会窗口时具体的联盟过程。

（3）研究人员独立分析案例企业涌现的构念及构念之间的关系，比较不同阶段构念的相似性和差异性（Eisenhardt，1989；Miles and Huberman，1994），通过研究人员的讨论解决少数冲突观点，并基于复制逻辑与图表形式不断比较案例数据和涌现的理论。

（4）将提炼出的理论框架与现有文献比较，以提高研究结论的内部有效性。通过在数据、文献与理论之间的循环迭代，理论与数据之间达到高度的匹配，最终呈现出稳健性的结果（Eisenhardt，1989）。

5.4　案　例　发　现

5.4.1　机会窗口

在对案例企业机会窗口典型事件和驱动因素的梳理过程中发现，案例企业在四个追赶阶段，经历了技术和需求两类不同的四次机会窗口，具体如表 5.3 所示。

表 5.3　案例企业机会窗口

追赶阶段	测度变量	典型证据	关键词	编码结果
起步阶段（1984～1988 年）	机会来源	照相机镜头将随着人民生活水平的提高出现一个较大的发展。S1	照相机镜头较大发展	需求机会窗口
	不确定性	1984 年机械工业部杭州照相机械研究所情报室经过市场调查，预计到 1990 年，全国照相机产量为 270 万架，而市场需求量为 770 万架。S2	国内照相机需求缺口确定	不确定性低
增长阶段（1989～1998 年）	机会来源	20 世纪 90 年代初，国内光学仪器市场产大于销，而国外市场对于中低档、普及型光仪产品的需求量有增无减。S1 发达国家制造正在纷纷向发展中国家转移，全球性光学加工正在向我国大陆转移，这是一个难得的机遇。S2	国际需求有增无减难得的机遇	需求机会窗口
	不确定性	同外商做生意，质量要求高，产品价格低，外商说要就要，说不要就不要。S2	产品销售风险大	不确定性高
转型阶段（1999～2013 年）	机会来源	自 20 世纪 50 年代以来，人们开始把数学、电子技术和通信理论与光学结合起来。S1 世界预测专家和科学家都把 21 世纪称为"光电世纪"（传统光学与电子技术相结合）。S2	现代光电技术变革	技术机会窗口
	不确定性	从国际范围角度来讲，COB 技术已经有几家厂在用，技术还算成熟。M2 有个别厂商，如三星、索尼当时在用 COB 技术，但是国内还没有厂商用，我们是国内第一家用 COB 技术的厂商。M3	技术成熟国际使用	不确定性低
超越阶段（2014～2018 年）	机会来源	智能光学是光学领域中比较新的概念，主要立足自适应和主动光学发展而来。M2	新的技术概念	技术机会窗口
	不确定性	如智能家具、体感交互、3D、无人驾驶、无人机，这上面都可以用到光学的东西。现在有公司在做这样的东西，但还没有大规模爆发，只是刚开始铺垫。M1	技术刚开始	不确定性高

注：COB 技术即板上芯片封装技术，英文全称为 chip on board。

（1）在舜宇光学起步阶段和增长阶段，光学行业出现了两次明显的需求机会窗口。第一次是我国照相机市场出现的需求机会窗口。20 世纪 80 年代，国内照相机市场的发展带来了对照相机镜头需求的巨大缺口，且该需求相对明确，因此机会不确定性较低。第二次是国际市场对镜头和镜片的需求带来的机会窗口。90 年代，国际市场对于中低档、普及型光学产品的需求持续增长，由此开启了第二次需求机会窗口，同时国内企业对国际市场需求特征不熟悉，因此机会不确定性较高。

（2）在转型阶段和超越阶段，光学行业出现了两次突出的技术机会窗口。20

世纪 90 年代末，国内光学行业由原来的光学冷加工技术向现代光电技术迈进，技术范式转变带来了第一次技术机会窗口；发达国家率先进入该技术领域并有多年的技术积累，因此技术发展方向基本确定，机会不确定性较低。2014 年左右，随着智能光学技术出现，光电行业产生了第二次技术机会窗口，该技术领域对国内外企业都是新兴技术，未来技术发展方向和应用场景尚不明确，因此机会不确定性较高。

5.4.2　联盟组合

为响应不同机会窗口，案例企业采用了不同的联盟组合。我们搜索了舜宇光学各个阶段的代表性合作企业，从联盟伙伴的类型和联盟伙伴间的治理机制来判定联盟组合的特征，以下采用叙事方式分析案例企业联盟组合构建过程（Langley et al.，2013）。

1. 起步阶段（1984～1988 年）

1983 年 7 月，余姚市第二光学仪器厂（舜宇光学前身）正式成立前一年，余姚县城北公社与浙江大学光仪厂签订了技术骨干培训协议，创始人王文鉴带领 8 名高中生前往浙江大学光仪厂学习光学冷加工技术。1984 年 10 月，余姚市第二光学仪器厂正式成立，但由于当时国内经济过热，通货膨胀严重，国家要求各地各部门控制财政支出和信贷发放。在这样的背景下，国内光学行业的发展变慢，去培训前浙江大学光仪厂答应的加工业务也没有了着落，因此寻找新业务成为舜宇光学最重要的生存任务。

1984 年，舜宇光学从杭州照相机械研究所获得了一条关于国内未来照相机存在巨大需求缺口的预测信息，决定进军照相机镜头领域。舜宇光学从余姚四中校办工厂接到了第一笔业务，为该厂的"香烟缺支警报器"提供镜片，这也是公司成立生产的第一款产品；之后舜宇光学与浙江大学光仪系光仪厂联合开发了教学产品"太阳高度测量仪"，又为上海跃进医疗器械厂供应喉镜镜片。1985 年下半年，舜宇光学开始为浙江照相机一厂的主要产品海燕 I 型照相机配套生产镜片和镜头，经营开始有了起色，但不久浙江照相机一厂照相机面临产品更新，与舜宇光学的合作关系中断，舜宇光学被迫开始谋求新的发展。

1986 年，天津东方照相机厂扩大生产，需要镜头加工基地，舜宇光学获得了试制产品的机会。通过聘请十余名外地老师傅，舜宇光学把浙江大学试制性工艺改为批量生产工艺，产品试制成功并顺利成为天津东方照相机厂的镜头供应商。1987 年，舜宇光学与天津东方照相机厂订立了联营合同书，联盟关系由原先一般性加工变成了紧密型的配套生产。为提高生产效率，舜宇光学引进了"六五"规划期间的重点科研项目"光学冷加工最佳工艺参数"进行技术改造，将古典抛光改为微粉精磨和高速抛光，使磨砂时间由原先的半小时减少为 20 秒，抛光时间由原先的两个半小时减少为 15 分钟，此举大大提高了舜宇光学的工艺技术能力，远远超过了当时国内许多大厂。

1988 年，舜宇光学开始积极拓展"横向联营"的伙伴。1988 年 1 月，舜宇光学与江西光学仪器总厂合作，成立凤凰照相机（集团）公司余姚光学元件厂，成为凤凰照相机集团的成员之一；1988 年 2 月，与杭州照相机械研究所联营，成立国家机械工业委员会杭州照相机械研究所余姚联营厂，并与其联合研制生产了 XY-1 型、XY-2 型一步成像翻拍相机。通过横向联营，舜宇光学得以顺利存活并迅速成长，并成为国内光学镜头生产基地。

因此，在起步阶段，舜宇光学主要与下游客户联盟进行市场开拓。舜宇光学识别到了国内照相机市场发展对镜片和镜头带来的巨大需求，并通过与下游客户建立长期供应联盟来捕捉这一需求机会窗口。起步阶段的联盟组合编码结果如表 5.4 所示。

表 5.4　起步阶段的联盟组合编码结果

联盟时间	联盟伙伴	联盟方式	联盟组合		编码结果
			治理机制	伙伴职能	
1983 年	浙江大学光仪厂	技术骨干培训协议→联合开发新产品	契约性	上游研发	
1984 年	余姚四中校办工厂	"香烟缺支警报器"供应商	契约性	下游客户	
1984 年	上海跃进医疗器械厂	喉镜镜片供应商	契约性	下游客户	
1985 年	浙江照相机一厂	照相机镜片供应商	契约性	下游客户	契约性治理机制为主的市场型联盟组合
1987 年	天津东方照相机厂	照相机镜片、镜头套供应商，一般性生产→紧密型配套	契约性	下游客户	
1988 年	江西光学仪器厂	照相机镜片、镜头紧密型配套供应商	契约性	下游客户	
1988 年	杭州照相机械研究所	联合开发新产品	契约性	上游研发	

注：→表示联盟方式发生了变化；治理机制全部为契约性，7 个联盟伙伴中，5 个是下游客户，占比为 71.4%，因此编码结果为契约性治理机制为主的市场型联盟组合，以下联盟组合编码方法相同。

2. 增长阶段（1989~1998 年）

20 世纪 90 年代，境外市场对镜头、镜片需求的增加带来了新的需求机会窗口。舜宇光学在与浙江大学合作的过程中接触到了香港客户，这一契机为舜宇光学打开了境外市场。为充分利用这次机会窗口，舜宇光学在 1988 年下半年提出了实行"两个转变"的方针：由单一的国内市场转变为境内市场、境外市场并举；

由单一的元件加工转变为元件加工、整机生产并举。为实现这一战略，舜宇光学一方面与浙江大学光电技术开发公司合作建立外向型镜头生产基地，组成了科技生产联合体，通过"你设计，我生产"的模式进行合作生产。随着联营生产的深入和适应建立现代企业制度的需要，1994 年原来的联营公司改组为浙江大学余姚光电（集团）股份有限公司。另一方面，舜宇光学与香港、台湾地区的三家公司建立合资企业来拓展境外市场，典型例证包括 1991 年与香港裕隆企业公司合资建立余姚裕盛光电仪器有限公司，1992 年与香港力达贸易公司、台湾领东企业公司分别合资组建了宁波华达光电仪器有限公司和宁波领东光电仪器有限公司。通过合资企业，舜宇光学的产品得以顺利进入香港和台湾地区市场，例如，1992 年，舜宇光学与亚洲最大的一家相机公司香港宝源基业有限公司建立了业务关系，为其供应平视取景照相机镜头。随后舜宇光学的业务开始进入更多发达国家和地区，例如，1994 年下半年，舜宇光学为天津三星光电子有限公司配套生产 FF222、FF333 和 3*ZOOM 镜头。

　　因此，在增长阶段，舜宇光学感知到境外市场对镜片和镜头的市场需求，主要通过与经销商建立合资企业开拓境外市场。增长阶段的联盟组合编码结果如表 5.5 所示。

表 5.5　增长阶段的联盟组合编码结果

联盟时间	联盟伙伴	联盟方式	联盟组合		编码结果
			治理机制	伙伴职能	
1988 年	浙江大学	合营生产→合资公司	契约性→股权性	研发机构	股权性治理机制为主的市场型联盟组合
1991 年	香港裕隆企业公司	合资企业	股权性	下游经销商	
1992 年	香港力达贸易公司	合资企业	股权性	下游经销商	
1992 年	台湾领东企业公司	合资企业	股权性	下游经销商	
1994 年	天津三星光电子有限公司	合作供应商	契约性	下游客户	

　　注：5 个治理机制中 4 个是股权性，占比 80%；下游经销商和下游客户 4 家，占比 80%，因此编码结果为股权性治理机制为主的市场型联盟组合。

3. 转型阶段（1999～2013 年）

　　20 世纪 90 年代末，国内光学行业主导技术开始由传统光学迈向现代光电技术，这为舜宇光学等国内企业带来了第一次技术机会窗口。为此，舜宇光学提出了"两个新的转变"的战略决策：在产品方向上，要从单一的传统光学，转变为传统光学与现代光电并举；在经营方式上，要从单一的产品经营，转变为产品经营与资本经营并举。1999 年，舜宇光学成立了光电信息事业部从事光电结合的研发与制造。该事业部通过与浙江大学、中国科学院光电技术研究所、上海交通大学等高校院所的深度合作，开始接触研发光电技术，并于 1999 年研发了计算机摄像头等光电产品。2000 年后，随着带有摄像功能手机的兴起，舜宇光学开始转向了手机镜头和手机摄像模组的研发。2002 年，舜宇光学通过了手机照相模组项目立项，经过内部攻关与外部合作，不断对手机类图像获取和传输能力进行判断、测试与定位，实现了硬技术和软件匹配，2003 年突破了功能手机镜头和摄像模组技术，2004 年又实现了量产。

2007 年，苹果推出了智能手机，手机镜头及其模组的应用领域也随之向智能手机转移。为了满足智能手机摄像模组更高像素的需求，2007 年舜宇光学购买了更高像素、更小体积的 COB 摄像模组封装技术，塑料非球面模具技术也进一步优化，大大提高了产出效率。2008 年，舜宇光学又开始通过并购提高产品设计能力，典型例证包括收购韩国力量光学 54.9% 的股份，具备了设计和生产高端手机镜头的能力。为实现传统光学与现代光电并举的战略目标，在传统光学领域，舜宇光学还与日本美能达、美国柯达等国际大公司进行技术合作，典型例证如舜宇光学于 1999 年开始为日本美能达提供单反相机镜头。

因此，在转型阶段，为了抓住技术机会窗口，舜宇光学以契约性治理机制为主，通过与浙江大学、中国科学院等机构合作，构建了技术主导型联盟组合，顺利进入了现代光电技术领域，并开发了计算机摄像头、手机镜头、手机摄像模组等光电产品。转型阶段的联盟组合编码结果如表 5.6 所示。

表 5.6　转型阶段的联盟组合编码结果

联盟时间	联盟伙伴	联盟方式	联盟组合		编码结果
			治理机制	伙伴职能	
1999 年	日本美能达	镜头技术合作	契约性	下游客户	契约性治理机制为主的技术型联盟组合
1999 年	美国柯达	产品开发合作	契约性	下游客户	
1999 年	中国科学院光电技术研究所	合作研发	契约性	研发机构	
2003 年	浙江大学光电工程系	合作研发	契约性	研发机构	
2003 年	上海交通大学	合作研发	契约性	研发机构	
2007 年	香港 ASIP 公司	购买 COB 摄像模组封装技术生产线	契约性	技术供应商	
2008 年	韩国力量光学	收购，获得高端手机镜头设计能力	股权性	同行企业	

注：7 个治理机制中 6 个是契约性，占比 85.7%；技术研发类伙伴 5 家，占比 71.4%，因此编码结果为契约性治理机制为主的技术型联盟组合。

4. 超越阶段（2014～2018 年）

随着光学技术的发展，舜宇光学开始研发智能光学技术，旨在为数字化工厂打造整体方案。2014 年，舜宇光学提出要从光学产品制造商向智能光学系统方案解决商及从仪器产品制造商向智能光学系统方案集成商转变。同年，舜宇光学成立了两家全资子公司——浙江舜宇智能光学技术有限公司和舜宇智能科技有限公司，这两家子公司的定位都是提供智能光学系统整体解决方案的高科技公司。

为了发展智能光学系统，舜宇光学在多个相关技术领域进行了布局。在机器视觉技术领域，2014 年，舜宇光学投资以色列 3D 视觉公司 Manti Vision，获得了 3D 结构光技术，开始布局新一代 3D 摄像头技术。2016 年，舜宇光学与加拿大 Bubl Technology 公司达成合作，共同研发新一代智能全景相机。2017 年，舜宇光学与艾迈斯半导体公司达成合作，结合双方在光学传感和成像空间领域的各自优势，开发高性能 3D 影像产品。2018 年，舜宇光学与浙江大学共同构建浙大舜宇智慧光学研究中心，主要研发方向包括新型光子数字化成像器件与技术、计算成像光学、增强现实显示、智慧影像处理和光学芯片、微纳光学制造等先进技术。

在手机摄像模组领域，舜宇光学继续发展自身的手机模组设计研发能力。2014 年，为了获取更高端镜头的生产技术，舜宇光学收购了柯尼卡美能达（上海）有限公司，得到了日本柯尼卡美能达公司的专利授权与高端镜头生产技术。此外，在手机摄像模组工艺技术上，舜宇光学自主研发了环氧树脂封装技术，也被称为半导体封装技术，这一封装技术比 COB 封装技术拥有更薄的镜头体积和更高的良品率。在光学仪器领域，舜宇光学在 2014 年收购了全球最大的天文望远镜厂商 Meade（米德）。超越阶段的联盟组合编码结果如表 5.7 所示。

表 5.7　超越阶段的联盟组合编码结果

联盟时间	联盟伙伴	联盟方式	联盟组合		编码结果
			治理机制	伙伴职能	
2013 年	以色列 Mantis Vision	收购，获得 3D 结构光技术	股权性	研发公司	股权性治理机制为主的技术型联盟组合
2014 年	柯尼卡美能达（上海）	收购	股权性	同行企业	
2014 年	Meade（米德）	收购	股权性	同行企业	
2016 年	加拿大 Bubl Technology	合作研发	契约性	下游客户	
2017 年	艾迈斯半导体	合作研发	契约性	研发公司	
2018 年	浙江大学	合建研究中心	股权性	研发机构	

注：6 个治理机制中 4 个是股权性，占比 66.7%；技术研发类伙伴 5 家，占比 83.3%，因此编码结果为股权性治理机制为主的技术型联盟组合。

5.4.3 追赶结果

通过案例分析，总结了案例企业的追赶结果，编码情况如表 5.8 所示。纵向来看，从起步阶段到超越阶段，舜宇光学技术能力由单一的工艺能力向工艺创新能力与产品开发能力并重，市场地位由国内前列到国内榜首再到国际前列递进。

表 5.8 案例企业的追赶结果

阶段		典型例证	关键词	编码结果
起步阶段（1984～1988 年）	技术	1987 年初，引进"六五"期间的科研项目，即"光学冷加工最佳工艺参数"。通过引进微粉精磨、高速抛光新设备、新工艺，把原来的古典抛光的细磨时间从半小时缩短到 20 秒，把抛光时间从两个半小时缩短到 15 分钟。S2	引进生产工艺	基本工艺能力
	市场	到目前为止（1988 年），我厂已经形成了 35 万套照相机镜头的生产能力，占全国照相机镜头生产总量的 1/10。S2	生产能力超过大厂	国内前列
增长阶段（1989～1998 年）	技术	1991 年下半年在与台湾光仪厂洽谈的过程中获悉了先进的光学冷加工技术，经过反复实验，舜宇光学将其运用到较高精度镜头生产中，使得抛光生产效率提升了 3～4 倍。S2 1997 年推广固着磨料抛光工艺，使得生产时间缩短了一半，单产提高一倍以上。S2	抛光效率提高	工艺改进能力
	市场	1991 年，年产值突破 1000 万元，利税超过 200 万元，一举成为我国南方最大的照相机镜头生产基地。S2 1998 年，集团已经成为国内最大的光学镜头生产基地和显微镜、望远镜生产厂商，被国家列为机电产品出口基地。S2	国内最大光学生产基地	国内榜首
转型阶段（1999～2013 年）	技术	2008 年，舜宇光学的 COB 团队研发了 VGA 回流焊接技术。S1 2010 年，舜宇光学成功研发 800 万像素手机摄像镜头/模组。S1 2011 年，舜宇光学成功研发 1300 万像素手机摄像镜头/模组。S1	新的生产工艺、模组像素提升	工艺创新能力、产品设计能力
	市场	1999 年，镜头生产能力增加 650 万套/年，显微镜生产能力增加 7.3 万台/年，真正成为国内最大的光学镜头生产厂家。S2 2010 年舜宇光学已确立了中国手机照相模组第一的地位。S2	手机照相模组第一	国内榜首
超越阶段（2014～2018 年）	技术	独立研发半导体封装技术、合作研发 3D 摄像头技术。S1 截至 2018 年，累积专利申请 958 项，其中发明专利 251 项。S1 2017 年成功完成 400 万像素和 800 万像素车载镜头的研究。S2	研发封装技术、开发更高像素车载镜头	工艺创新能力、产品开发能力
	市场	舜宇光学是全球第一的车载镜头制造商，全球第二的玻璃镜片、手机镜头供应商，全球前二的手机摄像模组制造商。S1	全球第一、全球前二	国际前列

注：VGA 即视频图形阵列（video graphics array），是一种视频传输标准。

（1）在起步阶段，舜宇光学通过与其他厂商的横向联营来学习先进的光学冷加工技术，技术学习主要是获取基本工艺能力。例如，舜宇光学先后引进了微粉精磨工艺技术来提高生产效率，实现了生产能力的提升，并成为国内重要的光学镜头生产基地。

（2）在增长阶段，舜宇光学借助浙江大学等科研机构的产品设计能力，重点进行工艺技术创新，如固着磨料抛光工艺、聚酯氨工艺等先进工艺的采用，极大地提升了生产效率，使其成为国内最大的光学镜头生产厂商。

（3）在转型阶段，以手机摄像模组为代表的光电技术的出现带来了技术机会窗口，企业技术学习焦点开始由工艺能力转向产品设计能力，如舜宇光学成立了自己的产品研发部，开始设计自己的产品，并成功开发了多款产品。2010 年，舜宇光学不仅成为国内最大的光学镜头生产厂家，也是中国手机照相模组第一的企业。

（4）在超越阶段，舜宇光学重点提高了手机摄像模组的工艺能力与产品开发能力，专利数量和质量都开始大幅度提升，在车载镜头制造上成为全球第一，玻璃镜片、手机镜头和手机摄像模组位居全球第二。

5.5 案 例 讨 论

纵观舜宇光学的追赶历程，我们发现后发企业在技术追赶过程中，机会窗口与联盟组合之间呈现出一定的适配性，面对机会来源和不确定性程度不同的机会窗口，后发企业从伙伴职能和治理机制两方面构建了不同类型的联盟组合对其进行捕捉，由此企业技术能力和市场地位得到持续提升，如图 5.3 所示。

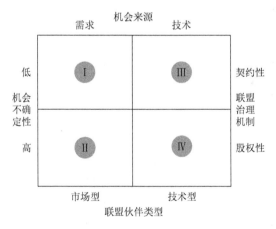

图 5.3 机会窗口性质与企业联盟组合的适配关系

图 5.3 中左上部分是机会窗口性质，右下部分是联盟组合特征，不同区域代表不同的匹配。Ⅰ区：不确定性低的需求机会窗口↔契约性治理机制为主的市场

型联盟组合。Ⅱ区：不确定性高的需求机会窗口↔股权性治理机制为主的市场型联盟组合。Ⅲ区：不确定性低的技术机会窗口↔契约性治理机制为主的技术型联盟组合。Ⅳ区：不确定性高的技术机会窗口↔股权性治理机制为主的技术型联盟组合。

5.5.1　机会来源和联盟组合

在图 5.3 的Ⅰ区和Ⅱ区，在需求机会窗口下，行业内技术并未发生大的范式变革，后发企业一开始面对的是小规模当地市场和简单用户，远离引领发展的发达国家市场的主流用户，战略重点是克服市场劣势。因此，后发企业主要通过与下游客户或机构合作，构建市场主导的联盟组合来开拓市场。例如，在Ⅰ区，舜宇光学处于起步阶段，由于没有先机的生产技术，加之初入光学市场，舜宇光学的客户资源极其匮乏。通过与国有照相机整机企业联营，舜宇光学成为传统相机的镜头和镜片供应商，在该过程中也掌握了基本的工艺技术。在Ⅱ区，舜宇光学通过与台商、港商合资接触到了高端客户，随后进入日本、美国、西欧等发达国家市场，逐步克服了市场劣势。

在图 5.3 的Ⅲ区和Ⅳ区，在技术范式转变带来的机会窗口情境下，后发企业面临着缺乏核心技术的困境，因此战略重点是克服技术劣势。通过与上游供应商、高校院所或同行企业合作，后发企业建立起技术主导的联盟组合，通过直接聚焦于新技术可以帮助后发企业在新技术范式内迅速建立起技术优势。特别是对于全球范围内兴起的最新技术，在位企业相对不再拥有技术优势，在这种情况下，后发企业与在位企业都需要投入时间学习，在考虑生产能力、区位优势以及新技术领域所需要人力资源数量等因素的情况下，后发企业比在位企业拥有更低的进入壁垒（Perez and Soete，1988），技术主导的联盟组合会大大提升后发企业在新技术竞争中制胜的可能。例如，在Ⅲ区，在光学冷加工技术向现代光电技术转换时期，舜宇光学处于转型阶段，通过技术型联盟组合获得了现代光电技术。在Ⅳ区，光电技术转向智能光学技术，舜宇光学通过技术主导的联盟组合又进入智能光学领域，实现了技术赶超。由此提出以下命题。

命题 5.1：面临需求机会窗口时，后发企业通常会构建市场型联盟组合来克服市场劣势，面临技术机会窗口时，后发企业通常会构建技术型联盟组合来克服技术劣势。

5.5.2　机会不确定性和联盟组合

案例研究发现，机会不确定性程度也会影响联盟组合的特征。在图 5.3 的Ⅰ

区和Ⅲ区，第一次需求机会窗口和第一次技术机会窗口出现时，不确定性程度都较低，因此后发企业主要采取契约性联盟治理机制。在图 5.3 的Ⅱ区和Ⅳ区，第二次需求机会窗口和第二次技术机会窗口出现时，不确定性程度均较高，后发企业主要采用股权性联盟治理机制。从网络关系强度看，契约性合作不需要合作双方进行专有投资，而股权合作的双方投入了更多的特定性资产，因此在关系强度上股权治理高于契约治理。在机会不确定性较低时，技术或业务发展方向明确，契约治理因相对合作成本较低，合作效率较高，可以进行较宽范围的知识搜索（Jiang et al.，2010）。在机会不确定性较高时，因为风险和成本较大，股权治理因双方的特定投资可以锁定企业间的合作关系，提高转换成本使信任构建更加容易，知识的创造和转移将更加默契，更多对创新至关重要的私密信息将被共享。例如，随着技术复杂度和不确定性的不断增加，舜宇光学与浙江大学联盟的治理机制由先前的契约性转变为后期的股权性，双方联系更加紧密，促进了新知识的转移和创造。因此，可提出命题 5.2。

命题 5.2：机会窗口不确定性程度较低时，后发企业通常采用契约性联盟治理机制；机会窗口不确定性程度较高时，后发企业通常采用股权性联盟治理机制。

5.6　结　　论

联盟组合是企业构建竞争优势的一个重要途径，现有研究虽已表明不同联盟组合会影响企业绩效，但基于后发企业追赶过程的联盟组合形成过程和演化模式尚不明确。通过舜宇光学 1984~2018 年的纵向案例研究，我们发现了机会窗口、联盟组合与后发企业技术赶超的关系：在后发企业技术赶超过程中，面临需求和技术机会窗口时，后发企业会分别采取市场型联盟和技术型联盟进行机会捕捉；当机会不确定性程度由低变高时，后发企业的联盟主导治理机制会从契约性向股权性转换。本章研究集中考察后发企业如何根据机会窗口配置联盟组合以实现技术赶超，相关研究结论既可以为后发企业构建适宜的联盟组合来获得竞争优势提供理论指导，也可弥补现有研究对后发追赶情境下联盟组合考察的不足，加深对后发企业追赶的理解，并丰富联盟组合理论。

首先，从机会窗口视角丰富了后发追赶理论。Tsui（2004）认为，深入的情境化能发展出有效的理论来揭示新情境中的独特现象。我们将机会窗口进行了分类，发现后发企业联盟组合构建受到机会窗口本身性质的影响，并揭示了不同机会窗口与联盟组合的匹配关系。后发企业相对领先企业存在一定的技术劣势，但技术劣势是否必然会导致市场劣势还取决于后发企业市场资产的拥有情况（Tripsas，1997）。后发企业可以在核心技术落后、资金缺乏的情况下，先通过市场联盟组合发展客户资产获得一定的收益，并由此积累一定的经验与技术；继而通过技术联盟组合抓住技术机会窗口克服技术劣势，实现技术能力和市场地位的持续提升（罗珉和赵红梅，2009；罗珉和马柯航，2013）。因此，在追赶过程中，后发企业可根据机会窗口性质构建相应的联盟组合，并对之进行有效管理，这一发现从机会情境视角丰富了后发追赶理论。

其次，从跨时视角拓展了联盟组合理论。通过跨时视角对联盟组合过程特征进行了比较深入的剖析，弥补了以往研究只关心联盟组合构型特征的不足，有助于加深对联盟组合内涵的认识（符正平等，2011）。后发企业在追赶过程中，联盟组合构建具有一定的次序性（Ozcan and Eisenhardt，2009）。面临需求机会窗口时，后发企业主要是克服市场劣势，建立的是市场主导的联盟组合；面临技术机会窗口时，后发企业主要是克服技术劣势，技术主导的联盟组合显得更加重要。此外，随着机会不确定性的增加，联盟组合治理机制也将从契约性向股权性转换。整体来看，后发企业通过"顺序关注"构建不同领域和不同治理机制的联盟组合依次解决了市场劣势与技术劣势。这一发现将联盟组合置于后发追赶情境下，从跨时视角拓展了联盟组合过程研究。

本章研究结论对后发企业追赶也有一定的实践启示。首先，后发企业应判断机会窗口的性质，根据机会窗口类型与不同追赶阶段所掌握的资源和能力构建合适的联盟组合。机会窗口作为一项外生因素，不能为企业所掌控，但联盟组合是一项内生变量，企业可以对其进行控制，若后发企业能有效地制定与机会窗口相匹配的联盟战略，可以为其带来跨越式的发展。其次，联盟组合并不是一成不变的，随着时间的推移，后发企业应从联盟组合整体视角，在不同职能环节、以不同的合作方式、缔结不同的合作伙伴来配置联盟组合，充分挖掘潜在合作伙伴的价值并且发挥多元关系的协同作用。

第6章 资源拼凑与超越追赶：宁波韵升案例研究

6.1 概 述

对于早期资源短缺、缺少技术和市场进入机会的行业后入者而言（Mathews，2002），如何在已有资源短缺困境下，突破新行业技术壁垒，找到市场进入机会，是一个必须经历的技术能力累积过程。资源拼凑理论为后发企业早期的技术能力积累提供了一种新的解释视角，认为后发企业可以对现有资源进行创造性利用以应对新挑战和机会（Baker and Nelson，2005）。资源基础观认为企业掌握有价值的、稀缺的、难以模仿和被开放利用的异质性资源是企业持续竞争优势的基础（Barney，1991），而资源拼凑理论则更聚焦于早期资源积累和转型期的过渡，由于中国缺乏核心技术和行业技术体系的构建，故利用资源拼凑理论诠释后发企业早期的市场进入、初始技术能力积累和技术升级转型期的过渡更为合适。

中国情境下的技术追赶实践呈现出有别于其他新兴市场的特点。在多样的技术体制和多层次的市场空间下开展的技术追赶（彭新敏等，2017），其资源利用和价值创造也呈现出了更为复杂的组合，但现有文献对拼凑与追赶的特殊情境的研究稀缺。此外，现有文献主要从静态视角检验资源拼凑对技术创新、企业绩效的影响，或观察某一特殊情境下的拼凑过程，从动态视角切入对资源拼凑模式本身演化过程的研究仍较为匮乏。因此，探索后发企业技术追赶情境下的资源拼凑模式及其驱动机制演化，对更好地诠释后发企业从初始追赶到创新前沿的技术追赶具有重要意义。

6.2 文 献 回 顾

拼凑（bricolage）一词最早起源于1966年法国人类学家 Lévi-Strauss 的著作《野性的思维》，本泛指人类即兴创造的努力过程，现一般被译为创造性拼凑、巧创。Lévi-Strauss（1966）虽未对拼凑给出明确定义，但提出了三个关键特质：拼凑即就手边现有之物进行，而不是按计划和方案实施；拼凑利用的资源是过去积累的零散资源或闲置资源；拼凑是对资源的重新组合利用。而后 Baker 和 Nelson 将拼凑引入了创业领域，并正式提出了拼凑的定义，即拼凑是应用手头资源应对新问题和机遇的即刻行为。本书遵循 Baker 和 Nelson 对资源拼凑的概念诠释。

现有文献对资源拼凑的类型划分主要从行为模式、资源要素、主题演化等角度进行。其中，从行为模式角度企业资源拼凑可以分为平行性拼凑和选择性拼凑，平行性拼凑是指企业使用一系列相关联的期望和行为来应对市场变化，并转换为在多个领域内复制一致的组织形式和操作模式，已达到相互强化的效果；选择性拼凑差异很大，企业选择一个或几个特定领域，避开了平行性拼凑身份和组织形式自我强化的动机，更具有灵活性（Baker and Nelson，2005）。从资源要素角度，学者提出了不同的拼凑类型。Desa 和 Basu（2013）认为可以有材料拼凑、人力拼凑和顾客拼凑三种类型；赵兴庐等（2016）认为可以分为要素拼凑、制度拼凑和顾客拼凑；Vanevenhoven 等（2011）以资源边界为依据，将拼凑分为内部拼凑和外部拼凑。从主题演化角度，最具有代表性的有创业拼凑、社会拼凑和组织拼凑（Baker and Nelson，2005；Domenico et al.，2010；Perkmann and Spicer，2014）。

现有对资源拼凑的前因研究主要基于个体、组织和环境三个层面。从个体层面而言，企业家精神、先验知识和企业家社会网络被认为主要驱动资源拼凑的选择。充满激情、热衷发展企业的企业家被认为更可能进行拼凑（Stenholm and Renko，2016）；在企业家精神的影响下，资源拼凑的提升效果与企业的技能和企业家对机会的预判能力正相关（Vanevenhoven et al.，2011；赵兴庐等，2016）；而企业家社会网络则从网络类型、规模和强度验证了对资源的整合及对拼凑策略采用的促进作用（孙锐和周飞，2017；黄艳等，2017）。从组织层面而言，资源拼凑不仅与组织对失败的容忍程度、部门关联程度和企业学习氛围呈正相关，还受组织声望的 U 型影响（Desa and Basu，2013）。从环境层面而言，资源拼凑不仅体现为受技术动态正向影响（Wu et al.，2017），还体现为受企业所在环境的宽松性和包容性影响。在环境宽松、资源丰富时，企业可通过资源搜索获取关键资源，而在资源匮乏甚至环境剧变时，关键资源的稀缺性和获得难度则促使企业选择资源拼凑的策略，因此资源拼凑不仅受资源稀缺程度的影响，而且受到环境包容性的影响（Desa and Basu，2013）。由于环境包容性体现了环境对组织所需关键资源的支持程度，不仅由环境中资源的稀缺性程度决定，也由企业自身资源基础导向的资源获取难度决定，故环境包容性从关键资源角度客观体现了组织和环境的动态适配关系。

后发企业要实现技术追赶，首先就要克服资源匮乏的瓶颈。拼凑意味着企业更大的生存可能（Stenholm and Renko，2016），是资源约束型企业创新的重要策略，是价值创造和创业过程中的三大核心要素之一（Welter et al.，2016），它可以成为企业创新能力的推动因素，帮助后发企业重新配置和再分配现有资源来管理有限的资源，从而有助于增强资源有限的突破性创新（Bicen and Johnson，2015）。纵观后发企业追赶的各个阶段，资源约束不仅出现在初始追赶阶段，也出现在企业的成长过程中。在环境剧变情境下，基于经验的拼凑和基于战略匹配的拼凑有利于资源贫乏型企业克服资源限制、利用机会并实现战略转型，也有利于企业在动态的资源挑选和组合过程中实现商业模式创新（苏芳等，2016）；在遇到破坏性技术时，仔细计划实施的资源拼凑策略有助于企业生产技术先进的创新产品（Ravishankar and Gurca，2015）；除此之外，Senyard 等（2014）还发现了资源拼凑对企业创新有着倒 U 型影响。

综合现有文献发现，诠释后发企业追赶情境下企业资源拼凑行为的研究十分匮乏。首先，现有对拼凑前因的探索大多集中于某一类因素，从个体、组织和外部视角综合演绎对拼凑过程的驱动演化研究较少。其次，现有研究对于如何从初始追赶到创新前沿过渡，以及构建阶段过渡的可行性理论指导讨论不多。最后，现有文献从资源拼凑视角解读后发企业技术追赶的文章甚少，大多从资源依赖和关键技术缺口出发来诠释技术追赶中并购行为的动机。因此，我们从资源拼凑视角深入研究后发企业从初始追赶到创新前沿的技术追赶过程。

6.3　研　究　设　计

本章采用纵向单案例研究法。案例研究聚焦当前问题，是在现象和其背景的界限不清晰时，使用多种资料源调查现实世界背景内当前现象的一种实证的探究，适合研究在没有刻意限制一些行为假设的前提下、在自然情境下发生的关于怎么样、为什么的问题，而单案例研究适合研究具代表性或具时间跨度需要对同一个企业进行纵向比较的情况（Yin，2014）。

6.3.1　案例选择

根据 Eisenhardt（1989）及 Yan 和 Gray（1994）对案例研究的建议，案例的选择应该遵循代表性和研究便利性。

1. 代表性

本章选择宁波韵升作为案例企业，具有一定代表性。

（1）行业代表性，宁波韵升所在行业为稀土永磁材料产业，属于技术快速变革的技术密集型产业，自 1967 年第一代稀土永磁材料出现，该产业已经历了三代稀土永磁材料的变迁（表 6.1），且从该行业的全球布局而言，我国目前在产业链前端采、选、冶环节属于技术和市场双领跑地位，中端磁材加工环节属于并跑地位，而终端应用领域仍属于追赶状态。多重市场空间和不同层次的技术地位，使之更具后发企业实现追赶的案例代表性。

表 6.1 稀土永磁材料产业技术变迁

	第一代	第二代	第三代
时间	1967 年	1977 年	1983 年
代表产品	$SmCo_5$	Sm_2Co_{17}	$Nd_2Fe_{14}B$
主要成分	钐、钴	钐、钴	钕、铁、硼
最大磁能积	160kJ/m³	200～240kJ/m³	240～460kJ/m³
应用领域	航空、航天、国防等领域		消费电子、汽车工业等领域

（2）企业典型性。宁波韵升进入稀土永磁材料产业之初，既没有较强的研发、技术生产团队，也没有可靠的社会关系网络，但如今，其在国内钕铁硼永磁材料领域综合实力第二、坯料产量和 VCM（voice coil motor，音圈电机）磁钢销量世界第一、磁组件技术行业领先、下游终端伺服电机国内前列，如此从无到有、从弱到强、从初始追赶到创新前沿，故宁波韵升具备案例诠释代表性。

2. 研究便利性

（1）实地调研便利性。研究团队与宁波韵升处于同一地区，且团队承接了宁波韵升合作项目，企业内部高管对团队成员相关研究给予了充分的支持，在数据收集阶段得到了相关人员的大力配合和帮助。

（2）行业资料获取便利性。迄今为止，钕铁硼关键专利仍主要掌握在住友、麦格昆磁等少数企业手中，且国内仅有 8 家企业获得住友钕铁硼关键成分专利许可，由于没有专利许可产品将无法进入欧美等国际主流市场，故研究宁波韵升发展时，其行业状况和竞争对手结构相对较为简单，容易进行数据收集和对比分析。

6.3.2 数据收集

在数据收集和利用方面，为了保证数据和资料来源的信度与效度，我们遵循资料"三角验证"原则，即通过多个不同来源的数据资料互相补充验证。

（1）实地调研。①直接观察法。2017 年 8 月～2018 年 6 月，研究团队多次参观各个园区、办公区及车间，近距离进行观察。②深度访谈。自 2018 年 8 月起，研究团队共开展了 44 次面对面的访谈，其中包含开放式和半结构化访谈，访谈主题主要围绕企业发展、产业发展、新产品开发、市场开发、企业危机等，访谈对象主要有总部职能部门管理人员（A）、下属事业部经营班子成员（B）、股份公司高层管理人员（C）、归属集团总部管理的子公司高管（D）以及基层技术人员（E），平均每次访谈 90 分钟，并在访谈结束后 24 小时内形成文字记录。

（2）文献资料。编码为 S1，具体包括：①通过中国知网（China National Knowledge Infrastructure，CNKI）、重要报纸全文数据网等搜索与宁波韵升及其所在行业的相关资料。②通过宁波韵升官网、稀土永磁材料行业网站等了解相关信息。③通过百度等搜索引擎了解宁波韵升发展中的关键技术和事件，以及竞争对手相关信息。④利用国家知识产权服务平台（State Intellectual Property Office，SIPO）检索宁波韵升已公开的相关专利，并通过天眼查网站查询企业相关注册和变更信息。

（3）档案资料。编码为 S2，主要包括宁波韵升 2000～2017 年年报及 2018 年中期报告、公开刊物、内部刊物《韵升视野报》、对外宣传册等。

6.3.3　构念测度

（1）环境包容性。环境对企业所需关键资源的支持程度会影响和驱动资源约束型企业采取拼凑策略，不同强弱的环境包容性会影响组织不同拼凑策略的选择。而环境包容性从企业所需关键资源的稀缺性和资源获取难度，反映了环境对企业持续成长的支持程度（Desa and Basu，2013；Castrogiovanni，1991），企业所需关键资源稀缺性弱，从外界获取资源难度小时，环境包容性强，企业所需关键资源稀缺性强，从外界获取资源难度大、获取成本高时，环境包容性弱。故我们主要从资源稀缺性和资源获取难度两个变量测量环境包容性。

（2）资源拼凑。资源拼凑指组织创造性地利用手头资源（零散资源、闲置资源或者对企业而言获取难度及成本较低的外部资源）（Baker and Nelson，2005；Lévi-Strauss，1966），解决面临的新问题和新挑战，资源拼凑的本质是现有资源与新目的的重新组合和再定义，故我们在对资源拼凑类型进行测度时，主要依据拼凑选择的资源类型和拼凑动机综合决定。不预设各阶段资源拼凑类型，而是结合案例对典型引用语进行关键构念编码析出。

（3）技术追赶结果。延续已有研究将新产品作为分析技术追赶结果主要单元的研究思路（彭新敏等，2017；Tushman and Murmann，1998），并通过典型新产品的测度来分析技术追赶结果，其中主要从以下三个维度进行测量。第一个维度是典型新产品数，具代表性的新产品开发数量，这些新产品是企业展览馆、年报、网站和访谈中均被重点提及的。第二个维度是新产品新颖性，从技术难度和产品形态复杂程度两个维度对新产品新颖性进行评定，并分为国内先进、国内领先、国际先进和国际领先四个等级（彭新敏等，2017）。第三个维度是专利申请数，在稀土永磁材料及下游应用领域内，其案例对象企业申请并公开可查询的与稀土永磁材料或其应用相关的国内外专利总数。

6.3.4　阶段划分

在纵向案例中，首先要根据引起构念发生剧变的关键事件和转折点来划分阶段（彭新敏等，2017）。本章研究的主题是技术追赶和资源拼凑，主要根据宁波韵升在稀土永磁材料领域的新产品开发来梳理关键事件，这些新产品的开发不仅代表着企业的技术能力和市场地位，也是企业综合现有资源进行战略方向调整和资源利用的体现，具体如下。1995 年，宁波韵升以合资控股方式兼并宁波量具厂，进入稀土永磁材料行业；2000 年，宁波韵升在上交所 A 股挂牌上市，稀土永磁材料销量国内前三、生产能力国内前列；2001 年，宁波韵升获得日本住友烧结钕铁硼专利许可，并由此进入中高端钕铁硼永磁材料国际主流市场生产和销售；2003 年，宁波韵升引进电镀线，并与住友开展 VCM 代工业务；2006 年，宁波韵升自主研发 VCM 磁钢，并成功量产；2009 年，结束 VCM 代工业务；2012 年，宁波韵升自主研发伺服电机成功量产，伺服控制事业部成立，VCM 磁钢销量首次业界第一；2017 年，注塑机、压缩机国内前三，并进入轨道交通应用领域。其中具典型性的新产品为 VCM 磁钢、磁组件和伺服电机。由于在新产品开发方向上，行业内代表性企业均经历了磁性材料性能提升和向终端领域拓展两个方向的产品技术升级，故从产品性能和产品形态复杂程度两个维度对这些新产品进行分析，作为阶段划分依据。其中产品性能主要由产品内禀矫顽力[①]和最大磁能积衡量[②]，产品形态复杂程度主要从元件、组件、器件三个程度划分。

选取案例分析时期时，以 1995 年进入稀土永磁材料领域为分析起点，其中1995～2000 年为初始追赶阶段，此阶段宁波韵升主要利用原始积累资源，寻求机会进入稀土永磁材料行业，并通过资源拼凑，完成了该领域的早期技术能力累积；2001～2009 年为超越追赶阶段，从典型新产品而言，宁波韵升既进一步进行磁性材料性能提升，进入了磁性材料高端应用市场，又从产品形态复杂程度完成了从元件向组件过渡；2010～2018 年为创新前沿阶段，宁波韵升结合企业稀土永磁材料和传统电机领域优势，开始发展以伺服电机技术为特征的机电一体化产业，该阶段的典型新产品为伺服电机，技术难度高，产品形态复杂，具体如表 6.2 所示。

---

① 《烧结钕铁硼永磁材料》（GB/T 13560—2017）将烧结钕铁硼永磁材料按内禀矫顽力的高低划分为低矫顽力（N）、中等矫顽力（M）、高矫顽力（H）、特高矫顽力（SH）、超高矫顽力（UH）、极高矫顽力（EH）、至高矫顽力（TH）七大类。本章将内禀矫顽力（Hcj, kOe）和最大磁能积（(BH) max, MGOe）之和大于 60 的烧结钕铁硼永磁材料定义为高性能钕铁硼永磁材料。

② 最大磁能积：磁铁 Bm 与 Hm 的乘积，磁能积越大，产生同样效果时所需磁材料越少。

表 6.2　宁波韵升技术追赶阶段的划分

阶段	初始追赶	超越追赶	创新前沿
时间范围	1995～2000 年	2001～2009 年	2010～2018 年
关键事件	1995 年合资进入稀土永磁材料行业；2000 年上交所上市	2001 年获得日本住友专利；2006 年 VCM 磁钢量产	2012 年，伺服电机领域第一款产品转子磁钢研发成功，设立伺服电机事业部
典型新产品	N35、N42 永磁体	VCM 磁钢、磁组件	伺服电机
产品性能	低	高	高
产品形态	元件	元件、组件	器件
行业地位	国内先进	国内领先	国际先进

6.3.5　数据分析

本章采用内容分析法对访谈数据及文档资料进行编码、归纳和总结（彭新敏等，2017；Strauss and Corbin，1998）。首先，对半结构化访谈原始数据进行文本转换并存入案例数据库；其次，对案例数据库的各类信息进行归类和数据编码，其中通过公开文献资料获取的数据标记为 W1，通过内部宣传册等内部文档资料获取的数据标记为 W2，来自第一轮访谈高管的访谈资料标记为 F1，来自第一轮访谈中层管理者（事业部负责人、部门负责人）的访谈资料标记为 F2，来自第一轮访谈中一线员工的访谈资料标记为 F3，来自第二轮访谈中事业部负责人的访谈资料标记为 S1。最后从大量文本数据资料中提炼主题，以便更好地探讨研究问题。

为保证研究结果的严谨性和客观性，在数据处理阶段研究团队至少两名成员参与关键信息筛选、半结构化访谈提纲的拟定，并分别独立进行了数据编码及主题提炼，在编码中，围绕研究问题、相关构念和测量变量，最后以环境包容性、资源拼凑和技术追赶结果为划分依据归类表格（表 6.3）。

表 6.3　关键构念、测量变量和关键词

构念	测量变量	关键词
环境包容性	资源稀缺性	低成本并购、技术进入门槛低、专利垄断、技术垄断、国内稀缺
	资源获取难度	愿意技术合作、愿意技术转让、重金购买、核心技术封锁、技术提供条件苛刻、产业链优势、产业集群地
资源拼凑	拼凑类型	潜在租赁关系、合作经营关系、技术转让关系、稀缺资源驱动方向调整、非核心技术引进、内部资源依赖、内部产学研网络、高附加值产品的突破、已有技术、外部网络资源、新领域、细分市场
技术追赶结果	产品新颖性	区域先进、国内前三、国内首家、国内第三、国内最大、国内唯一、国内领先、企业首次、行业前列

6.4　案例发现

6.4.1　初始追赶阶段（1995～2000 年）

1994 年前，宁波韵升主营业务八音琴形势大好，给公司带来了稳定增长的现金流，但该市场技术成熟、市场空间有限，宁波韵升开始考虑利用闲置资金资源作为杠杆，扩大企业生产规模，或进入新的产业领域以追赶新的利润增长点。此时，对宁波韵升而言，组织战略导向已由八音琴领域的技术导向为主、市场导向为辅，转向了八音琴领域的市场导向为主、其他未知领域的创业导向为辅。

1994 年，为更好地进行资本运作并发挥杠杆作用，宁波韵升以定向募集的方式成立宁波韵升股份有限公司，完成了股份制改造，转向市场经济主导。许多国有企业由于不能适应市场经济，出现了大量亏损（访谈人员 C1）。由于这些国企的待清偿资产中包含很多如土地使用权、厂房和高学历员工等优质资源，兼并国企可以降低资源获取成本，因此，宁波韵升开始兼并扩张之路。

在政府部门的促成下，宁波韵升开始考察濒临破产的宁波量具厂，并与当时租赁量具厂精工车间进行钕铁硼磁性材料加工的宁波商人项某接触，因钕铁硼磁性材料用途广泛——带转的带响的都要用到（访谈人员 C1），原材料资源丰富——我国是稀土资源储量最大的国家，且已有市场胚料加工利润颇丰——从山西那边背一点坯料回来，到这里切一切、电镀一下再卖出去，像五毛钱大小的一片那时候要卖一块钱左右，利润是相当好（访谈人员 C1），以及随着机电、通信业的技术变迁和发展，稀土永磁材料的需求预期将迎来迅速增长，诱人的市场机会和前景使得宁波韵升迅速意识到这是一个能满足持续利润增长点的创业机会，一方有钱一方有项目，两位老板一拍即合，很偶然地进入了这个行业（访谈人员 C1）。彼时，距中科三环王震西团队 1984 年研究出我国第一块钕铁硼稀土永磁材料已近十年，而伴随发达国家生产成本的提高，一些日、美、欧钕铁硼生产企业在保留磁材生产向高端发展的同时，纷纷以代工、合资等方式将中低端产能向中国转移促使了国内钕铁硼加工企业或作坊纷纷涌现，故从关键资源的稀缺性而言，钕铁硼永磁材料的技术进入门槛较低，并不具稀缺性。

1995 年，宁波韵升以合资控股方式兼并宁波量具厂，成立韵律公司，其中项某技术入股，两者关系由弱连接的潜在租赁关系转变为强连接的合伙经营关系。在合作早期阶段，原胚料加工车间（烧结车间）拥有的两台真空炉由项某团队负责并管理。由于宁波韵升稀土永磁材料领域的技术基础为零，依靠合资建立的强社会网络，获得了学习钕铁硼加工工艺的机会，那时候我们上面一个总经理给我三个月时间去学操作、学工艺，学好了自认为可以了，跟他说他给你任命（访谈人员 C1）。在成功学会工艺操作后，宁波韵升新建了自己的烧结车间。1996 年，为成功进军稀土永磁材料行业，韵声强磁材料有限公司成立。1997年，基于拼凑的低成本扩张思路，公司收购宁波凤凰制冷工业公司，在资源整合中韵声强磁材料有限公司入驻，实现了产能的迅速扩大，使宁波韵升在行业中脱颖而出。

　　1998 年，项某因故退出合作，基于两者合资经营的社会网络关系，项某将专利、设备、技术人员和生产技术在内的生产资源转让给宁波韵升，宁波韵升也因此获得了技术资源。两次拼凑的实施均与企业预先计划不一致，属于即兴发生的资源拼凑行为，且均由社会网络关系的转变发生，第一次由潜在租赁关系转变为合伙经营关系，宁波韵升因此获得了钕铁硼加工工艺的学习机会，在内部资源的组合利用中内化吸收并提高了原有磁性材料的技术能力，其中典型性证据为1997 年通过 N42 磁体的技术鉴定；1998 年，宁波韵升 42MGOe 钕铁硼永磁体被评为该年度宁波市科学技术进步二等奖，宁波韵升被国家科学技术委员会确认为国家级重点高新技术企业；第二次则由合伙经营关系转变为技术转让关系，宁波韵升获得了钕铁硼磁性材料的生产资源，这使宁波韵升独立具备了国内较为先进的钕铁硼磁性材料加工技术和团队。

　　初始追赶阶段，宁波韵升逐渐掌握了中低性能钕铁硼永磁材料的加工工艺，并不断进行技术改造以提升磁钢最大磁能积（BH），代表性产品为 N35 和 N42。这一时期宁波韵升在钕铁硼永磁材料领域开发的新产品属于元件领域，技术难度低，内裹低矫顽力（表 6.4）。

表 6.4　宁波韵升初始追赶阶段开发的代表性新产品

代表性产品	开发时间	产品形态	产品性能描述	技术水平
N35 磁体	1996 年	元件	低矫顽力、低 BH	国内一般
N42 磁体	1997 年	元件	低矫顽力、中高 BH	国内先进

　　自 1998 年接收项某团队的专利转让后，宁波韵升也开始了钕铁硼永磁材料领域的技术专利申请，该阶段累积申请专利 6 项，产品形态为元件，因此无外观设计专利。

　　编码结果显示宁波韵升在初始追赶阶段面临的环境包容性特征为资源稀缺性低和较为容易的关键资源获取。企业通过社会网络关系的转变获得关键资源，并在内部技术不断提升中，最终使新产品达到国内先进（表 6.5）。

表 6.5 宁波韵升初始追赶阶段典型用语举例及关键构念编码

构念	测量变量	典型引用语举例	关键词	编码结果
环境包容性	资源稀缺性	许多国有企业由于不能适应市场经济，出现了大量亏损，开始进行改制； 距中科三环研究出我国第一块钕铁硼稀土永磁材料已近十年，国内钕铁硼加工企业或作坊涌现	低成本并购 技术进入门槛低	资源稀缺性低
	资源获取难度	日、美、欧等钕铁硼生产企业纷纷采用代工、合资等方式将中低端产能转移到中国； 一方有钱一方有项目，两位老板一拍即合，很偶然地进入了这个行业； 项某因故退出合作，转让专利和技术	愿意技术合作 愿意技术转让	资源获取容易
资源拼凑	拼凑类型	在朋友介绍下，与租赁量具厂精工车间的项某接触； 宁波韵升以合资控股方式兼并量具厂，项某技术入股； 1998 年项某因故退出合作并转让专利和技术	潜在租赁关系 合作经营关系 技术转让关系	网络拼凑
技术追赶结果	产品新颖性	1998 年，42MGOe 钕铁硼永磁体被评为宁波市科学技术进步二等奖； 2000 年，宁波韵升强磁钕铁硼产销量全国前三	区域先进 国内前三	国内先进

6.4.2 超越追赶阶段（2001～2009 年）

21 世纪初，全球钕铁硼永磁材料的生产格局已由 20 世纪 90 年代以前日、美、欧等国家或地区少数企业主要占据，转变为日本和中国成为世界钕铁硼材料两大主要生产国。虽然产量实现了追赶，但我国钕铁硼永磁体的生产主要集中在 N35 左右的中低端产品，因产品附加值低，产值不足日本的一半。那个时候，中低端磁材市场竞争越来越激烈，利润也没有以前那么大了，而高端市场，利润是真的可观，但是基本被国外的一些企业垄断了技术（访谈人员 A1）。在这种情境下，我国企业亟须实现技术的突破，调整产品结构向高附加值产品倾斜，因为产品附加值受产品性能和产品形态复杂程度两个维度影响，故本阶段宁波韵升的组织重心也从新产业创业转变为元件领域的产品性能提升和元件到组件的技术攻克。

高性能磁材是高附加值产品的基础，但与中低端产品相比，钕铁硼永磁体高端产品不仅技术难度大，还面临在专利覆盖国家或地区不能合法生产和销售的专利壁垒。专利都被住友（日）和通用（美）垄断了，生产绕不开，要卖到欧美那些主流市场，因为你没有专利，你也不被允许卖（访谈人员 A1）。2001 年，宁波韵升购买日本住友特殊金属公司烧结钕铁硼群体专利，"花了几百万美金，当时还是很大一笔钱"（访谈人员 A1），成为国内第五家获得该专利的企业[①]。2003 年，日

[①] 截至 2018 年 12 月底，国内共 8 家公司、国际上 16 家公司获得烧结钕铁硼关键成分专利许可。

本经济衰退和需求萎缩导致钕铁硼磁体产量大幅下降，日本住友为保持企业盈利能力强化了专利管理，收紧专利授权和打击专利侵权。这使得烧结钕铁硼群体专利更具资源稀缺性，并成为宁波韵升的核心竞争力之一。

专利的获得和信息技术行业新存储技术促使宁波韵升高层重新权衡企业现有资源，变更企业新产品投资方向，转向 VCM 磁钢（硬盘驱动磁头）的技术攻克。当时，VCM 磁钢被称为磁盘里的皇冠，是磁钢应用市场里面最高的，原先都是日本人在做，中国人没法干，干不出来（访谈人员 B3）。2002 年，宁波韵升从强磁公司抽调人员，成立 VCM 项目组。2003 年，引进日本住友电镀线，在北仑修建电镀车间，获得一些非核心技术。那样引进，也只是整个流程里面的某一两道技术，不是所有的技术全部到你手里（访谈人员 B3）。在建立联系后，宁波韵升与日本住友合作开展 VCM 产品 OEM 业务。与此同时，宁波韵升也充分整合企业内部资源进行技术学习以攻克核心技术，典型证据为 2003 年设立博士后科研工作站，2004 年赴台湾考察学习 VCM 磁钢下游组件企业。2006 年，宁波韵升自主研发 VCM 磁钢实现量产，成为国内第三家成功开发 VCM 磁钢的企业。

宁波韵升自 1995 年开始直流无刷微电机的研制工作，并于 1997 年成功研制了可用于电动自行车的盘式直流无刷微电机，但从技术角度而言，这些工作只是解决了从设计到工艺的一系列组装加工问题，直流无刷微电机的关键技术难题仍未攻克。由于该项技术稀缺性高，"当时全世界只有日本住友和德国西门子有"（访谈人员 B3），2002 年年初，宁波韵升决定向西门子购买生产直流无刷微电机的技术。但西门子并不愿意"无条件"出卖技术，"西门子那边开出条件，可以提供技术，甚至可以不要巨额费用，但是以后宁波韵升的产品只能卖给它（访谈人员 B3）。"由于代工的技术购买实质和核心技术缺失的隐患背离了宁波韵升技术提升的战略导向，成为他人的代工企业，永远离开了主流市场，用技术换市场不划算，宁波韵升很难掌握核心技术（访谈人员 B3），于是宁波韵升放弃了技术购买和代工的技术获取途径，开始自主研发。2006 年，宁波韵升攻克了直流无刷微电机技术，成为国内唯一一家拥有此项自主研发技术的企业，率先进入以直流无刷微电机为代表的磁组件领域。

在这一阶段，企业创造性地组合以专利许可为代表的稀缺资源，来调动内外部资源，并从产品性能和产品形态两个维度着手提升产品技术和附加值，突破技术限制的过程为内部创业拼凑行为（Halme et al.，2012）。宁波韵升超越追赶过程中的内部创业拼凑主要体现在三个方面。一是稀缺资源驱动方向调整。企业通过资源搜索获得烧结钕铁硼群体专利这一稀缺资源后，宁波韵升高层重新审视技术提升的产品方向，考虑外部技术变化后，促成了产品方向的调整，实现第一次拼凑行为。二是基于资源搜索获得非核心技术，基于资源拼凑获得核心技术。在直流无刷微电机核心技术攻克中，在技术导向和环境包容性差（资源稀缺性高、资源获取难度大）的双重影响下，企业放弃通过技术购买的资源搜索策略，而转向依赖内部资源进行自主研发，即通过拼凑完成技术攻克。三是高附加值产品的突破。企业通过内外部资源的整合利用，实现了自主研发的 VCM 磁钢成功量产，实现了高性能钕铁硼磁材和磁组件的技术与产品突破。

本阶段，宁波韵升掌握了高性能钕铁硼磁钢和磁组件的生产技术，不仅产品性能如内禀矫顽力和最大磁能积得到提升，新产品形态也由元件到组件，代表性产品为 VCM 磁钢和直流无刷微电机，其中 VCM 磁钢是当时元件领域产品性能最高的产品，直流无刷微电机则标志着企业组件领域的进入，不仅产品形态较元件更为复杂，产品性能和技术难度也更高（表 6.6）。

表 6.6　宁波韵升超越追赶阶段开发的代表性新产品

代表性产品	开发时间	产品形态	产品性能描述	技术水平
VCM 磁钢	2006 年	元件	磁钢应用市场里面最高	国内先进
直流无刷微电机	2006 年	组件	高性能磁钢组件	国内首次

本阶段宁波韵升累积申请专利 20 项，其中 2 项实用新型专利，18 项发明专利。宁波韵升超越追赶阶段典型用语举例及关键构念编码如表 6.7 所示。宁波韵升的环境包容性特征为资源稀缺性高和关键资源获取困难，同时组织处于以技术导向为特征的战略导向中。企业通过产品方向调整、基于拼凑的核心技术获取和拼凑策略的选择三个方面进行内部创业拼凑，突破了企业高附加值产品缺失的技术瓶颈，最终使新产品达到国内领先的技术水平。

表 6.7　宁波韵升超越追赶阶段典型用语举例及关键概念编码

构念	测量变量	典型引用语举例	关键词	编码结果
环境包容性	资源稀缺性	国际上烧结钕铁硼专利被日本住友和美国通用垄断,没有专利进入不了欧美等国际主流市场;国内宁波韵升是第五家获得烧结钕铁硼专利的企业。 VCM 磁钢被称为磁盘里的皇冠,是磁钢应用市场里面最高的,原先都是日本人在做,中国人没法干、干不出来;直流无刷微电机当时全世界只有日本住友和德国西门子有	专利垄断技术垄断	资源稀缺性高
	资源获取难度	烧结钕铁硼专利许可高达几百万美元。 引进的话,也只是整个流程里面的某一两道技术,不是所有的技术全部到你手里。 可以提供技术,甚至不要巨额费用,但以后宁波韵升的产品只能卖给它	重金购买核心技术封锁技术提供条件苛刻	资源获取困难

续表

构念	测量变量	典型引用语举例	关键词	编码结果
资源拼凑	拼凑类型	专利许可的获得，驱动企业将高容量软盘驱动器和硬盘驱动器磁头支架项目调整为 VCM 磁钢项目。 2003 年引进日本住友的电镀线和非核心技术。 2002 年，放弃技术购买，开始自主研发直流无刷微电机项目。 2006 年，自主研发 VCM 磁钢、直流无刷微电机项目成果量产，实现了高附加值产品的突破	稀缺资源驱动方向调整 非核心技术引进 内部资源依赖 高附加值产品突破	内部创业拼凑
技术追赶结果	产品新颖性	2006 年，宁波韵升掌握高性能烧结钕铁硼永磁体技术，成为国内首家拥有此项自主研发技术的企业。 2006 年，自主研发 VCM 磁钢成功量产，是国内第三家成功开发 VCM 磁钢的企业。 2006 年，自主研发的直流无刷微电机项目成功量产，成为国内最大的直流无刷微电机出口企业，国内唯一拥有此项自主研发技术的企业	国内首家 国内第三 国内最大 国内唯一	国内领先

6.4.3　创新前沿阶段（2010～2018 年）

　　风电、新能源汽车、消费电子和工业机器人等新兴产业的兴起，对装备制造产生了强烈需求。但国内装备制造落后，缺乏以伺服电机、驱动器和控制器为主的核心技术，以及伺服电机产业集群、产业链连续的优势。电机是稀土永磁的下游，因为电机里面有接近 1/3 的成本是永磁材料（访谈人员 C1）。2005 年，宁波韵升提出以伺服电机技术为特征的机电一体化发展目标，并于 2007 年开始筹建伺服电机工厂。

　　与 VCM 磁钢相比，伺服电机的结构和技术虽然更为复杂，但对宁波韵升而言，伺服电机的技术进入壁垒并不高。伺服电机就一个转子一个定子，我们本身对转子比较了解，我们还有一家专门做转子的公司，在宁波韵升内部叫磁组件（访谈人员 C1）。通过竞争对手客户调研、产品分析了解国外产品和国内需求差异，确定核心、关键技术后，宁波韵升选择了从转子磁钢的结构设计开始导入并避开相关专利。在项目筹建两年后，2010 年宁波韵升伺服电机领域第一块产品转子磁钢研发成功。同年，伺服电机事业部设立，宁波韵升开始寻找客户和市场。由于晚入国内市场 4 年，竞争对手意大利费斯已形成相对稳定具排他性的销售渠道网络。当时宁波的系统商是将驱动、电机、油泵一道打包卖给客户，这个叫系统集成商，当四年后我的产品做出来后，宁波的系统集成商都在用它的电机了，让系统集成商用两个品牌的可能性不大（访谈人员 C1）。宁波韵升最终选择了渠道差异化，借助宁波地区伺服电机产业集群的优势，将其直接卖给注塑机厂。由于销量较小，宁波韵升积极寻求没有电机的国内驱动器厂商合作，并开始给上市公司埃斯顿（大陆）和台达（台湾）做驱动器代工，以打开伺服电机市场。

2012年，宁波韵升伺服电机实现批量生产，且在代工合作积累的技术经验基础上，成功试制了第一台自主研发的驱动器，并赴展览会进行对外展出。然而这次展出并未给宁波韵升带来显著增加的订单量，相反，宁波韵升伺服电机开始出现与驱动器兼容性不稳定的情况，销量也呈现了隐隐下降趋势。驱动器一展出，就和所有驱动器厂商变成了竞争对手，因为它们是你的上游，他们想办法把你的电机推掉，就不和你配合，电机性能做得再好，注塑机性能、参数稍微设计一下，就出问题了（访谈人员C1）。2014年，宁波韵升内部组织结构和人员调整，驱动器叫停，不再并行发展伺服电机和驱动器，企业装备制造的新产品发展模式由平行拼凑转为集中资源优先发展伺服电机的选择性拼凑。此时虽然宁波韵升伺服电机质量已大致得到认可，但客户较少。为提升品牌知名度和影响力，企业开始采取差异化服务和快速响应细分市场需求的竞争策略，典型证据为，宁波韵升伺服电机保修期为2年，比竞争对手长0.5年；2014年成立应用工程部为客户提供技术解决方案；2017年，面对快速打餐盒注塑机的需求，开发一款高速旋转的伺服电机。这一策略为宁波韵升伺服电机赢得了每年60%的产品销量增速。

从宁波韵升选择开发伺服电机时国内外拥有此项产品技术的企业数量而言，伺服电机技术资源稀缺性中等。从典型产品技术突破过程而言，虽然国外企业对待核心技术相对封锁的态度没变，但宁波韵升已经拥有转子生产技术基础，分析和学习日本大金、安川、川崎，意大利费斯以及德国伺服电机企业产品，也只是为了了解需求差异并避开专利，故相对VCM磁钢，这一阶段资源获取难度也中等。

这一阶段，宁波韵升创造性地整合包括企业内部稀土永磁材料领域和汽车电机领域的生产、技术资源，以及企业外部基于产业集群的社会网络资源在内的手头资源，来满足新兴市场-注塑机的需求过程为顾客拼凑行为（赵兴庐等，2016）。宁波韵升的顾客拼凑主要体现在两个方面。

（1）手头资源的整合。企业内部资源主要体现在已有技术导入，伺服电机技术攻克早期，宁波韵升主要基于已有转子的技术基础和生产资源（宁波韵升内部磁组件事业部专门从事转子的生产），从转子的结构设计导入，设计出伺服电机领域第一款产品。而企业外部网络资源则主要体现在两个方面：一方面，企业借助与注塑机厂商地理位置相同的优势，进行需求调研和渠道差异化销售，获得了客户对产品性能改进的第一手资料；另一方面，给国内大型驱动器厂商代工，与没有电机的驱动器厂商合作，提升与驱动器的适配程度，并洞悉行业需求和技术动态。

（2）新市场需求的满足。国内装备市场落后，缺乏核心技术。伺服电机的成功研制和量产，不仅迎合了以注塑机为代表的下游应用领域需求增长的趋势，更为企业布局装备市场迈出了关键而扎实的一步。

本阶段宁波韵升主要基于装备制造的市场需求开发伺服电机和驱动器，由于产品主要是在企业内部高性能磁钢和磁组件技术基础上进行的拼凑，故这一阶段，新产品不仅比之前两个阶段产品性能更高，产品形态也由组件到器件更加复杂。由于在新产品开发过程中，企业基于选择型拼凑策略选择优先发展伺服电机，故本阶段企业的典型性新产品为伺服电机（表 6.8）。

表 6.8　宁波韵升创新前沿阶段开发的代表性新产品

代表性产品	开发时间	产品形态	产品性能描述	技术水平
转子磁钢	2010 年	组件	伺服电机两大核心技术之一	国际先进
伺服电机	2012 年	器件	装备制造的三大核心技术之一	国际先进

宁波韵升在本阶段的专利总数为 141 项，平均每年约 15.7 项专利。其中实用新型专利和发明专利数量急剧上升，同时由于产业链向终端应用市场延伸，企业开始出现外观设计专利。宁波韵升创新前沿阶段典型用语举例及关键构念编码如表 6.9 所示。

表 6.9　宁波韵升创新前沿阶段典型用语举例及关键构念编码

构念	测量变量	典型引用语举例	关键词	编码结果
环境包容性	资源稀缺性	当时国内伺服电机基本是进口，同时日本、德国、意大利等国家的伺服商纷纷来中国合资建厂。 合作成功人家也没将核心技术给你，迫使一些企业开始自己干	国内稀缺	资源稀缺性中等
	资源获取难度	伺服电机就一个转子一个定子，我们本身对转子比较了解，我们还有一家专门做转子的公司。 宁波是注塑机产业集群地，宁波韵升与下游注塑机厂较熟，相对容易地获得了客户意见和渠道支持	产业链优势产业集群地	获取难度中等
资源拼凑	拼凑类型	基于对转子的了解，从转子的结构设计导入。 它的客户我们很熟，进行一些调研来确定需求。 采取了渠道差异化策略，直接将伺服电机卖给宁波的注塑机厂商。 给国内大型驱动器厂商代工，与没有电机的驱动器厂商合作。 2010 年，伺服电机领域第一款产品转子磁钢成功量产。 2017 年，针对注塑机细分市场快速打餐盒的需求，宁波韵升开发了一款高速选择的伺服电机	已有技术 外部网络资源 新领域 细分市场	顾客拼凑
技术追赶结果	产品新颖性	2010 年，伺服电机领域第一款产品转子磁钢研发成功。 2017 年，针对注塑机细分市场快速打餐盒的需求，宁波韵升开发了一款高速选择的伺服电机，这是我们竞争对手做不到的	企业首次 行业前列	国际先进

6.5 案 例 讨 论

6.5.1 资源拼凑类型与技术追赶阶段分析

表 6.5、表 6.7 和表 6.9 对宁波韵升技术追赶阶段的编码涌现了三种不同的资源拼凑类型，根据企业拼凑目的和关键资源获得，这三种资源拼凑分别定义为网络拼凑、内部创业拼凑和顾客拼凑。而在对这三种拼凑进行具体分析时发现，不同拼凑类型的选择，会影响企业技术追赶结果，继而出现资源拼凑类型和技术追赶阶段的适配模型（表 6.10）。

表 6.10 韵升技术追赶三阶段特征比较

相关构念	初始追赶阶段 （1995～2000 年）	超越追赶阶段 （2001～2009 年）	创新前沿阶段 （2010～2018 年）
环境包容性	强	弱	中等
资源稀缺性	低	高	中等
资源获取难度	容易	困难	中等
资源拼凑	网络拼凑	内部创业拼凑	顾客拼凑
典型新产品数	3	7	23
产品新颖性	国内先进	国内领先	国际先进
专利申请数	专利总数 6，发明 4，实用新型 2	专利总数 20，发明 18，实用新型 2	专利总数 141，发明 88，实用新型 52，外观设计 1

（1）初始追赶阶段的网络拼凑。网络拼凑指企业利用外部网络关系的转变而获得资源的行为（Baker et al.，2003；Vanevenhoven et al.，2011）。创始人的拼凑活动受其所嵌入的接触网络强烈影响（Baker et al.，2003），具体表现为宁波韵升在寻找新产业时，由于和合作伙伴项某的两次网络关系的转变而获得的技术资源。企业在该阶段通过网络拼凑行为实现新领域从 0 到 1 的原始技术积累，与网络拼凑有利于新业务发现和新行业进入的观点一致（Baker et al.，2003）。这一阶段技术追赶结果体现为，企业共申请专利 6 项，其中发明 4 项，实用新型 2 项；典型新产品数 3 项，其中 N35、N42 磁体达到国内先进水平。

（2）超越追赶阶段的内部创业拼凑。内部创业拼凑指组织内创新者创造性地组合稀缺资源以突破组织限制和调动内外部资源的企业活动（Halme et al.，2012）。由于初始追赶阶段中通过网络拼凑行为，企业已经完成对新市场技术壁垒的攻克，以及中低端钕铁硼磁材市场技术和生产能力的积累，故这一阶段，企业面临的组织限制为中低附加值的产品结构。为推动产品结构向高附加值产品转移，突破组织限制，企业创造性地组合了以专利许可为代表的稀缺资源，并驱动产品向更高性能的钕铁硼磁材和产品形态更为复杂的磁组件领域调整，通过核心技术资源拼凑、非核心技术资源搜索获得的资源整合思路，企业实现了对高附加值产品的突破和产品结构的调整。这一阶段，企业通过内部创业拼凑突破了初始追赶阶段网络拼凑带来的组织限制，实现了产品结构升级的包容性增长（Halme et al.，2012）。虽然典型新产品数量和专利申请数量并未呈现明显增长，但从新产品新颖性和产品结构而言，企业实现了典型新产品新颖性从国内先进到国内领先，产品结构由低附加值（中低性能、元件）转向高附加值（高性能、组件）为主，其中 VCM磁钢达到国内领先水平，不仅实现了高性能钕铁硼磁材的技术追赶，而且率先进入了磁组件领域，实现了对国内企业的超越追赶。

（3）创新前沿阶段的顾客拼凑。顾客拼凑指企业动用手头资源来满足新兴的、小众的或边缘的顾客需求的过程（Baker et al.，2003；赵兴庐等，2016）。在这一阶段，风电、新能源汽车、消费电子和工业机器人等新兴产业催生了装备制造的需求，而由于国内装备制造相对落后，对国内企业而言，装备制造的核心技术伺服电机、驱动器和控制器均属于新兴的需求市场。为迎合这类需求市场，首先，宁波韵升积极整合利用手头资源进行新产品突破，一方面，企业基于已有内部资源进行技术导入，另一方面，企业基于外部产业集群地网络和产业链网络进行市场促进及技术改进，最终实现伺服电机的量产和驱动器的成功试制；其次，宁波韵升快速响应细分市场需求，不断革新产品性能，使企业在细分市场走在了行业前列。这一阶段，企业通过快速响应新兴产业需求趋势和满足细分市场，赢得了较为显著的技术追赶成果，这一结论与顾客拼凑能提升机会识别能力并创造和扩大细分市场一致（赵兴庐等，2016）。宁波韵升在本阶段的专利申请数量剧增，产品新颖性也从国内领先提高到了国际先进，其中伺服电机标志着宁波韵升从稀土永磁材料的元件、组件领域进入器件领域，实现向客户终端的市场突破，对稀土永磁材料厂商而言，更是创新前沿的探索路径。

综上所述，企业不同阶段的资源拼凑选择，会导向不同的技术追赶结果，而不同的技术追赶结果，又会影响下一阶段的资源拼凑类型选择。企业通过网络拼凑实现初始追赶，在中低端钕铁硼磁材生产和销售方面位于国内前列，但低附加值的产品结构限制了企业发展，因此宁波韵升选择通过内部创业拼凑进入高性能钕铁硼磁材和更高附加值的磁组件，并由此打进稀土永磁材料国际主流市场。此后，基于前一阶段累积的扎实的技术基础，宁波韵升进一步探索提高产品的附加值，积极推动稀土永磁材料从元件、组件形态往器件形态发展，顾客拼凑策略的选择使宁波韵升能快速响应新兴市场和细分市场需求，并成功实现向稀土永磁材料下游的延伸。基于此，提出命题6.1。

命题 6.1：后发企业从初始追赶到创新前沿的技术追赶过程中，企业资源拼凑类型经历了由网络拼凑到内部创业拼凑，再到顾客拼凑的演化。

6.5.2　资源拼凑类型演化的驱动因素

从表 6.10 可知，在三个技术追赶阶段中，企业的资源拼凑类型选择都受到环境包容性的影响，而且不同环境包容性对应的资源拼凑类型也不一样。

（1）初始追赶阶段：强环境包容性。1995 年，距离国内外第一块稀土永磁材料的成功研制已有十余年，由于中低端磁材的技术难度不高，国内稀土永磁材料加工作坊和企业纷纷涌现，宁波韵升进入行业所需关键资源稀缺性低。在国内稀土资源丰富、人力成本相对低廉的吸引下，国外稀土永磁厂商开始通过合资、代工等途径将中低端产能向中国转移，此时对行业新进入者而言，通过合资或并购获得稀土永磁材料的加工技术相对容易。在此情境下，企业通过社会网络关系的转变获得新行业所需的技术资源，实现关键技术资源的从无到有，是企业基于现有资源和企业经营效率的最满意决策。因此，本阶段资源稀缺性低、外界资源获取容易的强环境包容性，驱动了企业通过网络拼凑来实现新领域的市场进入和原始技术能力累积。

（2）超越追赶阶段：弱环境包容性。在初始追赶阶段，宁波韵升虽然通过网络拼凑实现了对中低端磁材领域技术和市场的追赶，并达到了国内先进水平，但由于高性能磁材领域的专利垄断格局，企业并不具备国际主流市场的进入资格。而介于国内和国际上获得此专利许可的企业屈指可数，一些高附加值产品如 VCM磁钢和直流无刷微电机技术也被少数企业垄断，因此企业突破高附加值产品所需的关键资源稀缺性高。由于国外企业对国内企业非核心技术愿意转移，核心技术持保留和封锁的态度，难以依靠技术引进或合资并购获得企业所需核心技术，资源获取困难促使企业开始自主创新，通过创造性地组合以专利许可、内外部产学研网络为代表的稀缺资源，来攻克高附加值产品的核心技术，实现对高附加值产品的技术突破和产品结构的调整。这一阶段，关键资源稀缺性高、外界资源获取困难的弱环境包容性推动着企业不得不选择通过内部创业拼凑的自主创新来打入国际主流市场。

（3）创新前沿阶段：中等环境包容性。由于企业产业链开始向下游延伸，宁波韵升所需关键技术资源也由材料转变为装备制造。虽然当时国内装备制造落后并缺乏以伺服电机、驱动器和控制器为代表的核心技术，但国外的装备制造市场和技术相对成熟，装备制造市场没有形成技术垄断，企业所需关键资源稀缺性中等。虽然国外企业核心技术保留的合作态度没变，但由于企业在超越追赶阶段就掌握了高性能磁材、磁组件的生产技术，具备了自主研发突破伺服电机的技术基础，故本阶段企业的技术突破点在于根据市场需求进行产品技术导入和技术改进，使产品能快速响应细分市场需求。这一阶段，资源稀缺性中等、关键资源获取难度中等的中等环境包容性推动着企业选择顾客拼凑，通过快速响应市场需求来推动企业在行业前沿进行技术探索。

6.6　结　　论

6.6.1　研究结论

基于资源拼凑理论和技术追赶理论，并遵循前因—行为—结果的逻辑框架，通过对宁波韵升 1995~2018 年的纵向案例分析，对后发企业技术追赶情境下的资源拼凑类型及其驱动机制演化给予了综合诠释。本章研究的主要发现如下。

（1）后发企业技术追赶过程中不同资源拼凑类型的选择会导致不同的技术追赶结果。从初始追赶到超越追赶再到创新前沿的阶段过渡中，企业的资源拼凑类型也经历了由网络拼凑到内部创业拼凑再到顾客拼凑的动态演化过程。此结论既与已有研究保持了理论一致性（Baker et al.，2003；赵兴庐等，2016；Halme et al.，2012），又对资源拼凑类型的动态演化进行了深入探讨。

（2）在后发企业技术追赶情境下，环境包容性程度影响资源拼凑类型的演化。在企业寻找创业机会时，目标行业所需关键资源稀缺性低、资源获取容易的强环境包容性资源特征驱动着企业通过网络拼凑进入新行业；当组织规模继续发展并陷于技术瓶颈时，突破当前技术困境所需关键资源稀缺性高、资源获取困难的弱环境包容性资源特征则会驱动企业选择内部创业拼凑，实现对主流高性能产品技术的突破。

（3）当企业充分累积技术能力和创新能力，面临新兴市场崛起时，关键资源稀缺性中等、资源获取难度中等的环境包容性特征则驱动企业通过顾客拼凑实现对新领域的开拓和前沿技术的探索。

6.6.2　理论贡献

本章的研究发现对后发企业追赶理论和资源拼凑理论也具有一定贡献。

（1）为后发企业成功实现技术追赶提供了新的理论诠释视角。资源拼凑使企业在资源约束瓶颈下突破组织限制，创造性组合现有资源服务新目的，继而推动对企业创新强烈而持续的正向影响关系（Senyard et al.，2014），成功实现后发企业从初始追赶到创新前沿的阶段过渡。而且从动态视角出发，考察了后发企业从初始追赶到创新前沿递进过程中资源拼凑类型的演化，不仅支持了资源拼凑对后发企业技术追赶的重要性，而且发现了不同阶段资源拼凑的不同类型，从更长期完整的视角诠释了后发企业技术追赶过程中资源拼凑的演化规律，增强了资源拼凑理论在技术追赶中的解释力。

（2）识别了不同技术追赶阶段的资源拼凑类型。后发企业从初始追赶到创新前沿的技术追赶过程中，资源拼凑类型经历了由网络拼凑向内部创业拼凑再到顾客拼凑的转变。这不仅实现了与已有文献的理论对话，还更清晰地识别了各追赶阶段不同的资源拼凑类型，从更长期、动态的视角，揭示了基于资源拼凑类型演化驱动的后发企业的技术追赶，弥补了现有理论资源约束研究不足的理论缺口。

（3）加深了对后发企业技术追赶情境下资源拼凑驱动机制的理解。综合考虑个体、组织和环境三个层面，形成了诠释拼凑的驱动机制，更系统地解释资源拼凑驱动机制。研究发现，资源拼凑类型的选择受到环境包容性的影响。后发企业技术追赶过程中，环境包容性程度的变化驱动企业资源拼凑类型从网络拼凑到内部创业拼凑再到顾客拼凑的演化过程。这一发现解释了资源拼凑与技术追赶阶段的适配性和动态演化，弥补了现有后发企业技术追赶情境下资源拼凑驱动机制研究的不足。

6.6.3　实践启示

本章的研究结论对我国后发企业进行技术追赶和实施资源拼凑策略具有重要的管理启示。

（1）积极应对后发企业资源约束的困境，建立资源拼凑思维。后发企业不仅可以借助资源拼凑实现外部创业机会的发现、新产业的进入，还可以通过创造性组合现有资源，通过对现有资源价值的重新定义，构建企业的持续性创新能力，实现对资源约束型企业创新的突破。

（2）积极开展资源拼凑实践，实现后发企业向创新前沿的跨越。后发企业在追赶过程中面临着核心技术被封锁、关键技术资源获取困难的资源劣势，借助资源拼凑策略，创造性调动内外资源进行拼凑，有助于企业实现技能突破。

（3）综合考虑环境包容性，不同阶段采取不同的资源拼凑策略。企业考虑采取资源拼凑策略时，应将组织战略导向和环境对企业所需关键资源的支持程度等影响因素纳入进来综合考虑。

当然，本章研究也存在一定的局限性。

（1）在考察资源拼凑类型的驱动机制时，基于已有文献基础和后发企业资源约束特征，选取了环境包容性这个关键构念，而已有文献已经验证资源拼凑还有许多其他的驱动因子，如先验经验、企业家精神、机会、组织柔性、组织学习等，未来研究可从这些视角考察在后发企业技术追赶情境下资源拼凑驱动机制的演变规律。

（2）根据代表性、可行性和便利性原则，选择了最具代表性的企业为案例对象，但是就理论构建而言，本章提出的命题仍缺少多案例的复制和大样本实证数据的验证，在后续研究中，多案例和实证研究的纳入，将有助于检验和完善本章提出的演变机制，并验证本章提出命题和结论的一般性意义。

第7章　跨国并购与国际双元：均胜电子
超越追赶案例研究

7.1　概　　述

　　新兴市场跨国企业（Emerging Market Multinational Enterprises，EMME）作为后发企业中的一个特殊类别，与初始追赶时期的后发企业不同，是处于超越追赶阶段（彭新敏等，2017；吴晓波等，2019）的后发企业。一方面，EMME 已积累了一定知识基础与技术能力，甚至在某些领域接近行业技术前沿，另一方面，它们却尚未构建起与国际领先企业同样的战略能力。已有研究表明，在全球化和动态化的经营环境中，相互矛盾的需求不断加剧，EMME 经常会采用国际双元来调和追赶过程中的多重悖论（Luo and Rui，2009；Prange，2012；Awate et al.，2012；2015；Bandeira-de-Mello et al.，2016；彭新敏等，2019）。国际双元是企业在国际化进程中努力整合相互冲突性战略的能力（Prange，2012）。Bandeira-de-Mello 等（2016）通过一家巴西跨国公司的纵向案例研究，发现成功追赶的 EMME 在国际化过程中会在利用源于母国能力的同时探索新能力，从而形成国际双元。Luo 和 Rui（2009）通过对中国跨国公司的多案例探索，认为双元性组合了两种不同战略的优势，有助于 EMME 克服外来者劣势和后来者劣势来赶超领先企业。Prange（2012）通过对中国成功国际化企业的观察，发现采用国际双元的 EMME 能够提升行业地位从而更好地生存，并与全球领先企业展开竞争。

　　随着全球化的日益深入，国际化运营对 EMME 的追赶发挥着比以往更为复杂、多样和重要的作用（吴东和吴晓波，2013）。正如 Raisch 等（2009）提出的，双元战略的实施是一个长期适应过程，而不是一次性活动。随着追赶阶段和全球环境的变化，EMME 国际双元实现模式也并非一成不变的。虽然国际双元为 EMME 在全球化、开放式环境中实现追赶提供了可能，但国际双元如何随追赶过程动态演进？现有文献关于超越追赶阶段 EMME 国际化战略行为及其演进的研究仍较为匮乏（吴晓波等，2019；Bandeira-de-Mello et al.，2016；Lee and Malerba，2017）。因此本章的研究问题是：在技术追赶动态过程中，EMME 的国际双元模式是如何演化的？

7.2　文　献　回　顾

双元性研究兴起于 March（1991）提出的探索与利用的框架，随着该概念在组织与管理研究中的广泛运用，双元性已被认为是企业同时解决两个不兼容目标的能力（Birkinshaw and Gupta，2013）。EMME 经常将 FDI 作为能力升级和追赶全球市场领先企业的渠道，因此众多研究从 FDI 角度定义 EMME 的国际双元，认为国际双元是企业在国际化过程中尽力整合探索性 FDI 与利用性 FDI 的能力（王凤彬和杨阳，2010；Hsu et al.，2013；Choi et al.，2019）。Choi 等（2019）认为，探索性 FDI 主要服务 EMME 战略资产寻求的动机，可以让企业接触到新知识，但探索本质使得自身技术能力有限的 EMME 会遇到高度的不确定性，特别是在没有当前收入流的情况下有可能掉入资金不可持续的陷阱中。利用性 FDI 主要是 EMME 在海外市场特别是新兴国家市场充分利用其在母国积累的技术能力和运营经验，但该战略可能对企业关键核心技术能力的提升没有帮助。在一定时期内单独采用探索性 FDI 或利用性 FDI 都是一种聚焦战略，同时追求探索性 FDI 和利用性 FDI 的双元战略是另一种替代方案，该战略带来的协同效应可使企业发展更可持续，但是这种战略也带来了较大的协调挑战及与之相关的高运营成本。因此，并不存在一种战略完全优于另外一种，不同的国际化战略都有它们自己独特的优势和挑战，企业在做战略选择时要充分考虑追赶阶段与情境的差异。

大部分双元性研究表明，探索与利用之间的平衡有利于企业绩效提升（Birkinshaw and Gupta，2013）。但是由于探索活动和利用活动相互争夺组织内稀缺的资源、行为有自我增强的趋势及对组织惯例和理念要求的不同，企业常常会遇到如何对二者进行平衡的难题（March，1991；Birkinshaw and Gupta，2013；Stettner and Lavie，2014）。基于时间维度，Prange（2012）区分了次序型双元与共时型双元两种国际双元实现模式。次序型国际双元指 EMME 有节奏地在探索性 FDI 和利用性 FDI 之间转换，最终在一个较长时期内达到平衡，共时型国际双元指 EMME 同时从事探索性 FDI 和利用性 FDI 活动。不过，该研究只是认为这两种模式都是可行的双元路径，没有详细考察不同模式的具体选择情境。

已有双元研究认为，企业构建双元面临着内部组织特性与外部环境特性的双重制约（Raisch et al.，2009）。Luo 和 Rui（2009）认为，EMME 双元性受到内外部两个层面因素的影响，内部因素包括所有权结构、国际经验、组织技能、战略意图等，外部因素包括市场类型、制度环境、目标市场开放度等。O'Reilly 和 Tushman（2013）认为，实现双元的不同方式在一定程度上取决于所面对市场的性质。Bandeira-de-Mello 等（2016）通过纵向案例研究，考察了 EMME 国际化过程中双元的实施过程,研究发现国际市场进入模式、组织结构和资源竞争是国际双元构建的三个关键驱动因素。Choi 等(2019)通过 379 家中国跨国企业 2005~2010 年的统计数据,发现行业宽裕度对追赶战略的选择有着关键的影响,具体来说,行业宽裕度对聚焦追赶战略的选择有着积极的影响,对双元追赶战略选择是负向的影响,但该研究没有考察两种战略是否能够相互替代?以及它们如何随着追赶进程动态演化?

跨国并购一直以来都是企业国际化的重要战略,特别是近几年,来自新兴经济体企业的跨国并购活动日益频繁。传统的跨国并购理论通常从资源基础和组织学习的角度进行研究(Shimizu et al.,2004),近些年研究重点也从并购的前期前因(Brouthers et al.,2003;Brouthers,2002;Datta and Puia,1995;Markides and Ittner,1994)转移至并购后的整合与绩效结果(Krug and Harvey Hegarty,2001;Larsson and Finkelstein,1999;Vermeulen and Barkema,2001),有些学者还探讨了新兴经济体企业跨国并购过程中的合法化问题(程聪等,2017),以及连续跨国并购中的价值创造问题(谢洪明等,2019)。不过,关于 EMME 跨国并购后在技术上是如何实现快速追赶的在现有文献中仍未得到充分的解释。

对于 EMME 来说,在技术追赶的不同阶段,究竟是次序选择探索性 FDI 或利用性 FDI 作为主导国际化战略,抑或是二者同时进行形成一种探索与利用共时的双元(Prange,2012)?现有研究对此仍知之甚少,我们应该从更加长期动态的视角考虑 EMME 国际双元模式的选择与演化。

7.3　研　究　设　计

案例研究方法适合回答关于"怎么样"和"为什么"的问题(Eisenhardt,1989;Yin,2014),而纵向单案例研究适合研究根据时间跨度需要对同一家企业进行比较的情况。由于本章的研究主题是 EMME 在技术追赶过程中国际双元如何演化,需要分析企业在追赶阶段的变化情况,确认关键事件的发生顺序,因此,本章采用纵向单案例方法进行研究设计。

7.3.1　案例选择

案例选择主要是基于理论发展的需要,遵循理论抽样的原则(Eisenhardt,1989)。根据研究主题,本章选择了汽车零部件领先企业均胜电子作为案例企业,主要有三方面的理由。

(1)行业典型性。汽车行业是中国重点发展的行业,汽车零部件是汽车工业的重要组成部分，在整车行业蓬勃发展的带动下，该行业在产业规模、技术水平、产业链协同等方面均取得了显著成绩。中国汽车零部件通过自主研发、合资合作、跨国并购等方式在部分技术领域逐步突破壁垒并成功实现对领先企业的追赶，因此通过对该行业的观察有助于我们直观地识别出技术的追赶路径与过程。

（2）企业典型性。均胜电子于 2004 年在宁波成立，创立之初只是一家汽车功能件加工厂商，经过多次连续的跨国并购后迅速成长为中国汽车电子智能制造领域的领军企业，给特斯拉、宝马等多家世界一流汽车企业提供零部件。目前均胜电子主要致力于智能驾驶系统、汽车安全系统、新能源汽车动力管理系统以及高端汽车功能件总成等的研发与制造，拥有汽车安全、汽车电子和汽车功能件三大事业部，在全球 30 多个国家拥有员工超过 6 万人，2011 年以来销售额保持连续多年高速增长，2018 年销售额超过 560 亿元，如表 7.1 所示，海外销售收入平均占比 71.14%，是国内顶级汽车零部件供应商之一，成功实现了对领先企业的技术追赶。

表 7.1 均胜电子 2011～2018 年国内外营业收入 （单位：亿元）

年份	国内	国外	总额	国外占比
2011 年	10.74	20.95	31.69	66.11%
2012 年	12.14	38.76	50.90	76.15%
2013 年	16.41	42.44	58.85	72.12%
2014 年	17.57	50.08	67.65	74.03%
2015 年	22.50	55.65	78.15	71.21%
2016 年	58.26	124.40	182.66	68.10%
2017 年	91.38	170.89	262.27	65.16%
2018 年	132.21	424.77	556.98	76.26%

（3）事件典型性。均胜电子 2011 年并购德国顶级汽车零部件供应商德国普瑞有限公司（简称德国普瑞，英文名 PREH GmbH，简称 PREH），由此开启了通过跨国并购对国际领先企业的技术追赶之路，先后收购了德国普瑞、德国 Innoventis 电子公司（简称 Innoventis）、德国伊马公司（简称德国伊马，英文名 IMA Automation Amberg GmbH，简称 IMA）、德国群英公司（简称德国群英，英文名 QUIN GmbH，简称 QUIN）、德国道恩公司（简称德国道恩，英文名 TechniSat Digital Gmbh，简称 TS）、美国 EVANA 自动化公司（简称 EVANA）、美国百利得安全系统公司（简称美国百利得，英文名 Key Safety System Holding Inc.，简称 KSS）、奥地利 M&R

自动化有限责任公司（简称 M&R）、挪威 ePower 公司（简称 ePower）、日本高田公司（简称日本高田，英文名 Takata Corporation，简称 Takata）等多家公司，具体如表 7.2 所示。均胜电子通过多次跨国并购实现了业务全球化和产品创新升级，非常符合跨国并购与技术追赶的研究主题，且时间跨度较长，有利于纵向对比分析。

表 7.2　均胜电子重要的跨国并购事件

时间	并购方	被并购方	被并购方所在国	主营业务
2009.12	均胜电子	上海华德①	中国	汽车功能件、汽车塑料饰件
2011.07	均胜集团	德国普瑞（PREH）	德国	空调控制系统、驾驶员控制系统、传感器系统、电子控制单元和仪表、工业自动化创新
2013.08	德国普瑞	Innoventis	德国	汽车电子系统测试、软件模块及电子网络系统开发
2014.08	德国普瑞	IMA	德国	工业机器人的研发与制造，成立普瑞伊马工业自动化及机器人有限公司（简称普瑞伊马）
2014.12	均胜电子	QUIN	德国	高端方向盘总成与内饰功能件总成
2016.02	均胜电子、德国普瑞	TS	德国	汽车行业模块化信息系统开发和供应、车载导航系统、车联网及信息处理
2016.05	普瑞伊马	EVANA	美国	工业机器人和自动化系统的研发、制造和集成
2016.06	均胜电子	美国百利得（KSS）	美国	汽车主被动安全系统从，成立了均胜汽车安全系统有限公司（Joyson Safety System，JSS）
2017.06	普瑞伊马	M&R	奥地利	汽车动力总成系统和电动汽车设计
2017.11	德国普瑞	ePower	挪威	电力电子系统的研发和生产
2018.04	JSS	日本高田（Takata）	日本	汽车安全系统制造

7.3.2　数据收集

本章采用多数据源的资料收集方法，具体包括以下内容。

（1）人员访谈。访谈人员包括事业部总经理、人力资源总监等人员，访谈录音在 24 小时内无差别转成文字，并按照访谈主题进行整理。

（2）档案资料。一是公司年报。查阅均胜电子近几年的公司年报和中期报告。

---

① 因本章研究涉及的内容是跨国并购的国际化，均胜电子第一次并购上海华德塑料制品有限公司（简称上海华德）不属于跨国并购，故不进行后续分析。

二是宣传资料。通过查阅均胜电子各时期的内部刊物、合作协议、产品介绍和会议资料等了解均胜电子的相关信息。三是通过中国统计年鉴、汽车零部件行业发展报告、中国产业信息网等有关报告等渠道收集有关统计数据。

（3）文献资料。一是通过中国知网、万方数据库、行业协会刊物、EBSCO HOST等检索相关的文献。二是通过百度搜索有关均胜电子的信息、新闻。三是通过均胜电子的集团网站、行业统计报告、政府主管部门网站了解均胜电子的相关信息。多样化的研究信息和资料来源可以对研究数据进行相互补充与交叉验证，增强了研究结果的信度与效度。

7.3.3　构念测度

在构念测度上，主要借鉴现有文献中的已有衡量方法、并结合访谈资料对关键构念进行测度。

（1）国际化战略。根据 Choi 等（2019）对探索性 FDI 与利用性 FDI 的测度，如果案例企业在国际上获取的技术对于企业来说是新颖的、未涉及的，则定为探索性 FDI；如果案例企业在国际上获取的技术是在企业已有技术范式内的，则定为利用性 FDI。

（2）国际双元模式。根据次序与共时双元的定义（Prange，2012；O'Reilly and Tushman，2013），在确定企业主导国际化战略的基础上，如果在一段较长时期内企业从探索性 FDI 转向利用性 FDI，则为次序型双元模式，反之亦然；如果探索性 FDI 与利用性 FDI 同时发生且二者并重，则为共时型双元模式。

（3）技术追赶绩效。主要从技术能力角度测度企业追赶绩效。技术能力主要考察企业在新兴技术上的产品开发情况，通过与国际领先企业比较来确定，数据主要从文本资料中获取，同时企业专利数据予以辅助，最终分成国内领先、国际先进、国际领先三个等级（彭新敏等，2017；Lee and Lim，2001）。

7.3.4　阶段划分

在纵向案例研究中，要首先对阶段进行划分（彭新敏等，2011），且江诗松等（2011a）认为划分阶段的主要依据就是导致研究构念发生剧变的关键事件和转折点。本章研究的主题为跨国并购、国际双元模式演化和技术追赶，根据均胜电子在不同时期涉及不同的业务范围和掌握的技术范式，识别出了案例企业在技术追赶期间关键事件如图 7.1 所示。

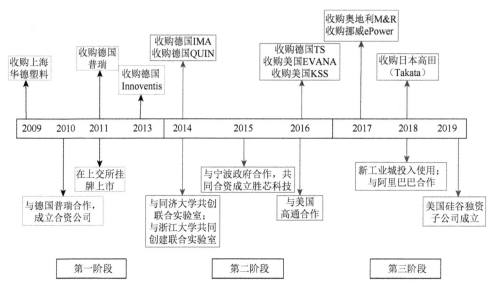

图 7.1　均胜电子发展过程中的里程碑事件

2009 年以前，均胜电子处在竞争激烈的零部件行业中，由于高端市场被外国企业垄断只能代工生产成本低廉、竞争门槛低、附加价值低的初等产品，极易被其他厂商取代。在这几年间，公司面临着业内同质化竞争、缺乏长期发展战略支撑等问题。虽然每年投入大量的研发费用但由于汽车电子行业质量体系认证、工艺过程审核和产品认证过程复杂且耗时，研发一直没有取得突破性的进展，并未构建起跨组织跨界的国际双元，也未真正实现技术上的追赶。2009 年并购中德合资的企业上海华德，均胜电子正式进入汽车配饰高端领域；2011 年并购德国汽车零部件顶级厂商普瑞，开启了均胜电子跨国并购的新纪元；2014 年同时并购德国工业机器人厂商 IMA 和高端零部件厂商 QUIN；2016 年再次并购世界领先安全系统供应商 KSS，跻身全球汽车安全产品百强行列；2017 年以后成为特斯拉、宝马等知名汽车品牌的新能源动力汽车电力控制系统的唯一供应商，同年并购了 M&R 和挪威康斯博格集团旗下的电力电子系统公司 ePower；2018 年均胜电子通过子公司 KSS 收购日本世界顶级安全气囊供应商高田，进一步扩大汽车安全领域布局。

因此，根据上述关键节点事件，重点研究均胜电子 2009～2018 年的国际化和技术追赶历程。Kumaraswamy 等（2012）通过分析 1992～2002 年印度汽车零部件产业的追赶过程，将国际化追赶划分为转型、巩固和全球整合三个阶段。其中，转型阶段战略重点是发展吸收能力，巩固阶段战略重点是通过发展强客户关系进入全球价值链，全球整合阶段战略重点是通过研发进行知识创造。因此，采用 Kumaraswamy 等（2012）关于追赶阶段划分来考察均胜电子在技术追赶过程中的国际双元模式选择与演化规律，其中 2009～2013 年为转型阶段，2014～2016 年为巩固阶段，2016～2018 年为全球整合阶段，各阶段特征如表 7.3 所示。

表 7.3　均胜电子追赶的阶段划分

阶段	转型		巩固	全球整合
时间	2009～2011 年	2012～2013 年	2014～2016 年	2016～2018 年
关键事件	收购上海华德 并购德国普瑞	收购 Innoventis	收购德国 IMA 收购德国 TS	收购美国 KSS 收购日本高田
主要市场	国内低端市场	国内中端市场	国内外中高端市场	国内外中高端市场
行业地位	国内领先	国内领先	国际先进	国际领先

在数据分析过程中，论文两名作者相互独立地就确认的信息进行编码（Strauss and Corbin，1998），编码时主要以所涉及关键变量为参考依据，须两人达到一致，对于意见不一致的编码结果，全体作者再共同讨论确定。接着，在证据和理论之间不断比较，借助图表进行分析，找出构念与证据之间的联系（Miles and Huberman，1994）。整个研究过程经历的不断反复，最终达到构念、证据与理论三者的相互匹配（Eisenhardt，1989）。以下通过国际化战略、技术追赶绩效、国际双元模式三个关键构念在不同阶段的变化来叙述案例发现及理论意义。

7.4　案例发现

7.4.1　国际化战略

1. 转型阶段（2009～2013 年）

20 世纪 90 年代初，毕业于中国美术学院的王剑峰临危受命接管家族企业汽车电子紧固件厂。宁波商业氛围浓厚，王剑峰从小耳濡目染，早已具有敏锐的商业意识，不久紧固件厂成为地方颇有名气的明星企业。90 年代末，王剑峰凭借着长远的目光开始与当年的世界十大汽车零部件供应商之一美国天合合作，双方合资成立了一家宁波天合紧固件公司，并由他亲自担任总经理一职。随着对汽车行业更加深入的了解，他清楚地意识到如果一直按现有模式经营，产品容易被模仿、利润低，企业很难成长，于是他毅然辞去总经理一职，开始自己创业。

2004 年，王剑峰等几位创始人一起在宁波高新区成立了宁波均胜投资集团有限公司。公司创立之初，就确立了与汽车制造主机厂同步设计开发的发展理念，正如公司创始人之一、均胜集团总裁、副董事长范金洪在一次访谈中提到的，"人家从拷贝开始，我们从研发开始。"从研发开始的发展战略使得公司起步阶段销售规模上升较慢，成立两年才有 2000 多万元的销售额，但这却为后来的发展打下了坚实基础。在公司业务基本稳定后，均胜电子开始考虑规模化发展，例如，2006 年，均胜电子在长春建立汽车零部件生产基地，成为长春一汽的供应商。2008 年，受世界金融危机影响，大量汽车企业濒临破产倒闭，均胜电子借此机会于 2009 年并购了中德合资的企业上海华德，在原发动机进气管、空调出风口业务上增加了汽车内外饰件、功能件等业务，拓展了汽车零配件产品系列，使均胜电子成为国内汽车零部件产业的领军企业之一。

不过，汽车功能件的产品附加值较低，同行竞争激烈，企业利润空间不断缩小。而在高附加值的汽车电子产品领域，整个中国市场被一些国际巨头通过技术壁垒和技术转移控制着。均胜电子高管经过一年多的决策，决定将全球化和产业升级一起进行，并且明确了以汽车电子作为公司未来的主要发展方向。2008 年的金融危机为均胜电子提供了一个通过跨国并购实现战略目标的机会。成立于 1919 年的德国普瑞是一家高端车身电子控制系统生产商，主要生产五大类产品，分别为空调控制系统、驾驶控制系统、电子控制单元和仪表、传感器系统、创新自动化生产线。因为金融危机给德国普瑞带来经营上的困难，均胜电子于 2011 年成功并购了这家德国老牌汽车零部件巨头企业。与均胜电子相比，德国普瑞不仅具有技术和品牌等方面的优势，而且有遍布全球的市场网络。并购德国普瑞后均胜电子直接获得了其现有的专利，并进入汽车电池管理系统领域，正如访谈中一位高管提到的，"在收购德国普瑞之前，公司并没有为电动汽车提供电池管理系统的技术"。该项业务占公司营业收入的 10%左右，并成为未来新能源汽车领域的重点发展方向。

并购德国普瑞后均胜电子在汽车电子领域冲破国际技术壁垒，一跃成为国内的顶级零部件制造厂商，并成立了汽车电子事业部。2013 年，均胜电子借力德车普瑞收购了德国软件开发公司 Innoventis。Innoventis 是一家主要专注于为机动车辆及相关行业中的电子网络系统提供测试系统、软件零部件及工程服务的软件开发公司。

经过这两次全新业务的并购整合，均胜电子的汽车电子事业部拥有较强的汽车新能源电池管理系统的开发能力，成为国际上少数能独立供商用级电动汽车电池管理解决方案的公司。两次并购涉及的均是新技术和新业务，因此属于探索性FDI，具体编码示例如表 7.4 所示。

表 7.4　均胜电子转型阶段国际化战略编码结果

文档资料或访谈援引	关键词	编码结果
2011 年均胜电子获得汽车电子零部件供应商德国普瑞 74.9%的股权，并在 2012 年 12 月完成剩余股权交割手续。 德国普瑞的主要业务为空调控制系统、驾驶控制系统、电子控制单元和仪表、传感器系统、创新自动化生产线。 我们刚开始是以汽车内外饰件起家的，做这种功能件可能在未来过程中不像是太主流的方向，一直想做汽车电子方面的这个产品。 在收购德国普瑞之前，公司并没有为电动汽车提供电池管理系统等技术	并购德国普瑞；新技术	探索性 FDI
2013 年底德国普瑞宣布，其已收购了德国的软件开发商 Innoventis，提升了该公司在德国的产品研发能力。 Innoventis 的主要业务是汽车电子系统测试、软件模块及电子网络系统开发	并购德国 Innoventis；新技术	探索性 FDI

2. 巩固阶段（2014～2016 年）

2014 年初，均胜电子以 1430 万欧元收购了德国 IMA。IMA 在工业机器人细分市场处于全球领先地位，专注于工业机器人的研发、制造和集成，为客户提供定制化的工业机器人系统、自动化产品和咨询服务。通过对 IMA 的收购和整合，均胜电子进一步促进公司从战略层面完善产业链与产品布局，在工业机器人领域持续保持全球领先的地位，并进一步开拓海外市场。同年，均胜电子又以 9000 多万欧元，收购德国的汽车零部件优秀企业 QUIN，进一步完善公司产业链上智能驾驶领域的体系建设，确立公司在汽车 HMI（human-machine interaction，人机交互）解决方案提供者领域的行业地位。QUIN 作为高端汽车方向盘总成的领军企业，其产品和均胜电子的中控系统产品可以实现有机互补，给客户提供完整的 HMI 解决方案。收购完成后，均胜电子帮助 QUIN 在产品、客户和市场上寻求突破，QUIN 也将使功能件事业部逐步实现全球化经营。均胜电子目前在汽车中控系统的 HMI 领域拥有强大的研发能力和技术水平，生产的产品向宝马、奥迪、奔驰、保时捷等中高档车系提供配套，是全球排位领先的中控系统提供商。

2016 年，均胜电子又以 1.8 亿欧元、1950 万美元先后收购德国智能车联专家 TS、美国自动化厂商 EVANA。TS 是汽车行业模块化信息系统开发商、供应商和服务商，主营车载导航系统、车联网以及信息处理。德国普瑞和 TS 的能力能完全的互补，并且开拓了新的业务潜力。均胜电子将把德国普瑞著名的汽车 HMI 理念以及 TS 成功的远程信息处理技术及信息娱乐整合为创新的整体解决方案，进入"车联"领域。EVANA 是均胜电子第二次收购工业机器人企业。EVANA 是一家专注于工业机器人和自动化系统的研发、制造和集成，为客户提供定制化工业机器人系统、自动化解决方案和咨询服务的公司。2014 年收购的 IMA 则主要为汽车、电子、消费和医疗领域企业提供更细分的产品与服务，而本次收购的 EVANA 从事的领域与 IMA 相近，但其主要面对北美市场。

总体来看，该阶段均胜电子在德国普瑞和 Innoventis 并购的原有业务上进行了拓展，分别并购在工业自动化、汽车零部件、智能车联这三个细分领域的优秀企业，编码结果均为利用性 FDI，具体如表 7.5 所示。

表 7.5　均胜电子巩固阶段国际化战略编码结果

文档资料或访谈援引	关键词	编码结果
2014 年 8 月德国普瑞以 1430 万欧元购买 IMA100%股权和相关知识产权，IMA 是德国著名工业机器人研发、制造和集成厂商。 这是继并购德国普瑞后，均胜电子在工业机器人发展战略层面再迈出的重要一步。 收购德国普瑞以后，德国普瑞下面有一个部门是做自动化设备的，我们并购了 IMA 以后就整合成了一个新的部门	并购德国 IMA；原有业务拓展	利用性 FDI
2014 年 12 月均胜电子发布公告称拟以 9000 多万欧元，收购德国的汽车零部件优秀企业 QUIN。 QUIN 的主营业务是内饰功能件和高端方向盘总成。 进一步完善公司产业链上智能驾驶领域的体系建设，确立公司在汽车 HMI 解决方案提供者领域的行业地位	并购德国 QUIN；进一步完善原有体系	利用性 FDI
2016 年 2 月均胜电子和德国普瑞以现金购买的方式收购 TS 所持有的 100%股权。 TS 研发及生产在车载娱乐系统、车载导航系统、车联网以及信息处理领域的创新类产品及软件解决方案。 德国普瑞和 TS 的能力能完全互补，并且开拓了新的业务潜力，也为我们带来了向均胜电子"车联"迈进的决定性的一步	并购德国 TS；与之前能力互补	利用性 FDI
2016 年 5 月均胜电子旗下全资子公司 PIA 以 1950 万美元购买 EVANA 100%股权和相关知识产权。 EVANA 是一家专注于工业机器人和自动化系统的研发制造的企业。 本次收购的 EVANA 从事的领域与德国普瑞的创新自动化生产线业务和 IMA 相近，但其主要面对北美市场	并购美国 EVANA；与之前业务相近	利用性 FDI

3. 全球整合阶段（2016～2019 年）

2016 年年底，均胜电子以 9.2 亿美元收购全球领先的汽车安全供应商美国 KSS。KSS 主要产品为高级驾驶辅助系统（advanced driver assistance system，ADAS）和事故预防类系统，是全球少数几家具备主、被动安全系统整合能力、面向自动驾驶提供安全解决方案的公司，其汽车安全业务全球市场占有率 7%，全球排名第四位。均胜电子通过收购 KSS，把业务触觉伸入汽车安全产品市场，极大地提高了公司的核心竞争力。同时，KSS 与均胜电子现有 HMI、新能源动力控制系统和高端功能件产品线形成产品协同效应，能够提供更完整的智能驾驶解决方案和创新性技术平台。收购 KSS 之后，均胜电子跻身全球 100 汽车供应商。

2017 年，均胜电子通过子公司成功地收购了 M&R 和 ePower。这两家公司分别从事汽车动力总成系统和电动汽车设计及汽车动力总成系统与电动汽车设计，经过这两家公司的并购将增强均胜电子新能源汽车业务板块和新能源汽车电池管理控制系统的创新研发实力。

2018 年，均胜电子完成了有史以来成交价最高的一次并购，通过子公司均胜安全系统以 15.88 亿美元收购全球第二大被动安全公司日本高田（硝酸铵气体发生器业务不在此次并购内），并将日本高田与 KSS 整合为均胜安全系统有限公司（JSS），实现了产能的扩充，并成功进入日本市场。"通过此次并购日本高田，我们将进一步增强现有的主、被动安全技术，实现产能的有效扩充。"人力总监在和我们的谈话中也提到。由于行业技术壁垒较高、进入条件要求严苛，汽车安全产品的市场一直被国际上少数几家公司垄断，其他厂商难以涉足。经过前后两次在汽车安全领域的并购，均胜电子成为全球汽车安全领域的巨头，全球市场份额占到第二位。该阶段国际化战略编码结果如表 7.6 所示，均胜电子同时进行了探索性 FDI 与利用性 FDI 活动。

表 7.6　均胜电子全球整合阶段国际化战略编码结果

文档资料或访谈援引	关键词	编码结果
2016 年年底均胜电子以 9.2 亿美元收购美国 KSS。 KSS 是安全气囊、安全带和方向盘等汽车安全系统及其关键零部件的设计、开发与制造领域的全球领先者。 均胜电子通过收购美国 KSS，成功进入汽车主动、被动安全领域，完善公司在汽车安全领域的全球化布局。 所以我们要的是它的客户和渠道，以及它的制造能力	并购美国 KSS，全新领域	探索性 FDI
不断进一步开拓电池电控、车载充电研发制造等新能源汽车核心零部件技术和市场。 通过对全球资源的整合，均胜普瑞已具备全球化的供应链、成熟的自动化技术、完善的系统平台和丰富的行业经验	并购奥地利 M&R，进一步开拓技术	利用性 FDI
均胜电子子公司德国普瑞于近日并购了挪威康斯博格集团旗下的电力电子系统公司 ePower。 ePower 致力于电力电子系统的研发和生产，包括车载充电器、纯电动车及混合动力汽车的动力总成系统等	并购挪威 ePower，整合原有技术	利用性 FDI
子公司均胜安全系统（JSS）以 15.88 亿美元收购全球第二大被动安全公司日本高田除硝酸铵气体发生器业务以外的优质资产。 日本高田主要产品包括汽车安全带、安全气囊系统、方向盘等。 通过此次并购 KSS 我们将进一步增强现有的主、被动安全技术，实现产能的有效扩充	并购日本高田（Takata），进一步增强技术	利用性 FDI

7.4.2　技术追赶绩效

均胜电子在这三个发展阶段的技术追赶绩效编码实例如表 7.7 所示。

（1）在转型阶段，均胜电子收购汽车零部件巨头德国普瑞，掌握了其技术与专利，一跃成为国内汽车电子领域的前端企业，在国内细分市场处于第一；均胜电子共申请专利 37 项，平均每年 12 项，总体属于国内领先。

（2）在巩固阶段，随着四家企业的成功收购，均胜电子在三大细分领域都有着业务的拓展和技术开发。在市场上，业务从亚欧大陆拓展到了北美洲，在技术上，共申请专利 48 项，平均每年 16 项，逐渐成为国际上少数几家为宝马、特斯拉、奔驰等顶级汽车厂商提供电源系统管理的企业，总体上属于国际先进。

（3）在全球整合阶段，通过对美国 KSS 和日本高田的并购与整合，均胜电子成功成为全球汽车安全顶级供应商，占据全球超 30%的市场份额，跻身全球汽车零部件前 30 强，共申请专利 77 项，平均每年 26 项，属于国际领先。

表 7.7　均胜电子三个阶段技术追赶绩效编码实例

阶段	文档资料或访谈援引	关键词	编码结果
转型阶段	不少零部件产品处于国内细分市场第一。 跨越到汽车电子产业链前端，在电池管理系统方面的技术已经走在世界的前列。 成为全球少数掌握电池控制技术的企业之一。 在汽车空调电子方面非常了得，全球市场占有率位列前五。 均胜电子推出的涡轮增压发动机进气管产品线，填补了国产厂商在该领域的空白，实现进口替代。 但是由于技术壁垒森严和外资品牌垄断，所以我们一直难有大的突破	国内第一 国际少数 技术壁垒	国内领先
巩固阶段	国内第一家向宝马公司提供电池管理系统的汽车零部件企业。 均胜电子是目前国内唯一有能力为高端豪华汽车供应电子控制系统的公司。 均胜电子成为工业自动化及机器人项目这一细分领域的第一。 成功进入了汽车电子产业链上游核心领域，突破国外厂商在这个领域的壁垒，可以开始我们自己的核心技术研发。 我们拥有国际上智能驾驶控制、工业自动化及机器人和新能源汽车动力控制这些领域的前沿核心技术	国内唯一 突破壁垒 前沿技术	国际先进
全球整合阶段	我们在细分市场当中拥有很强的技术实力，代表着行业最先进的技术水平，并在某些细分市场已经跻身到了全球前三。 在人机交互 HMI、ADAS、智能车联和新能源汽车电子等细分领域问鼎国际市场。 在汽车安全和汽车电子领域已成为全球顶级供应商。 在全球汽车安全领域市场占有率已超 30%，名列全球第二。 拥有了完整的驾驶舱电子和安全产品解决方案，处于全球领先水平。 四大领域，即汽车主、被动安全，人机交互及智能车联，新能源电池管理系统和汽车功能件，在全球处于主流和领先水平。 均胜电子已跻身全球汽车零部件 30 强，占据全球顶尖的市场地位	国际前沿 全球顶级 全球领先	国际领先

7.5　案　例　讨　论

综合表 7.4～表 7.7，表 7.8 展示了均胜技术追赶过程中国际双元模式动态演变的全过程。

表 7.8　均胜电子技术追赶过程中国际双元模式的演进

追赶阶段	国际化主导战略	国际双元模式	技术追赶绩效
转型阶段 （2011～2013 年）	探索性 FDI（2）	次序型国际双元	国内领先
巩固阶段 （2014～2016 年）	利用性 FDI（4）		国际先进
全球整合阶段 （2016～2019 年）	双元性 FDI（探索 1；利用 3）	共时型国际双元	国际领先

注：括号内数字为该战略的并购事件数。

表 7.8 显示，转型阶段均胜电子国际化战略主要是探索性 FDI 活动，巩固阶段国际化战略以利用性 FDI 活动为主导，前两个阶段形成了从探索到利用的次序型双元；全球整合阶段均胜电子既开展了探索性 FDI，又从事了利用性 FDI，且活动数量相当，形成了共时型双元。

在转型阶段，为了突破技术壁垒进入国际市场，均胜电子采取了跨业务领域的探索性并购。德国普瑞的收购使得均胜电子获得了新技术与专利，还获得了在全球范围内配置资源的能力，同样并购 Innoventis 也让均胜电子进一步拓展了汽车电子领域，开发新技术，因此都是探索性 FDI 活动。

随着对新技术的持续探索，考虑到对技术的吸收程度和速度，在巩固阶段均胜电子采取了立足于现有业务的利用性 FDI。正如案例分析中显示的，均胜电子在已有的技术和业务内持续并购四家国际汽车零部件企业，即德国 IMA、德国 QUIN、德国 TS 和美国 EVANA。这四家企业的主营业务和拥有的技术都与先前并购的德国普瑞和 Innoventis 有重叠，但又有各自侧重的技术领域与市场，从而为均胜电子提供了更宽广的业务范围，协同效应也更加显著。

经过前两个阶段探索性 FDI 与利用性 FDI 的积累，均胜电子已积累了较好的国际化运营经验和能力基础，开始进入全球资源整合阶段。例如，在汽车安全领域，均胜电子通过并购国际排名第四的美国 KSS 成功首次进入汽车安全领域，采取的是探索性 FDI 战略，接着借 KSS 又再次成功并购汽车安全领域世界排名第二的日本高田，采取的是利用性 FDI，在技术探索的同时又对已有技术进行深化，实现了共时型双元。该战略不仅可以发挥各个地域内的专业化分工优势，形成不同区域之间的互补效应，而且不同地域之间的松散耦合还能够抑制同时采用探索和利用而产生的资源竞争、惯例冲突与负向转移等问题（Bandeira-de-Mello et al.，2016；Stettner and Lavie，2014）。

综上所述，均胜电子在不同阶段的国际化战略从一开始的探索性 FDI 转变为后来的利用性 FDI，在跨阶段上实现了探索与利用次序型平衡；全球整合阶段均胜电子国际化战略是双元性 FDI，即探索性 FDI 与利用性 FDI 同时进行，表明均胜电子从初始的次序型国际双元转换为后期的共时型国际双元，同时随着国际双元模式的及时转换，后发企业技术追赶绩效也得到了持续提升。

7.6　结　　论

本章主要基于跨国并购、国际双元和技术追赶理论，通过对均胜电子2009～2018 年跨国并购的纵向案例的分析，探讨了后发企业技术追赶动态过程中后发企业国际双元模式的动态演进规律，研究结论既丰富后发企业追赶理论，又拓展了双元性理论。

首先，丰富了后发追赶理论。现有技术追赶文献大部分集中在初始追赶时期，关于积累了一定技术能力并向创新前沿趋近的后发企业如何实现超越追赶的研究仍颇为匮乏（吴晓波等，2019；Hobday et al.，2004；Lee and Malerba，2017）。国际双元是后发企业在全球化环境下进行追赶的有效机制，为后发企业超越追赶提供了可能，但现有文献较少论及 EMME 如何在追赶过程中动态地构建国际双元以把这一潜力转化为现实（Prange，2012；Bandeira-de-Mello et al.，2016；Choi et al.，2019）。技术追赶与国际双元的实施有着密切的关系，对于 EMME 而言，国际双元是一个随技术追赶阶段从次序型双元转变为共时型双元的过程。在转型阶段 EMME 采用的是探索性 FDI，有助于获得先进的技术知识与创新能力，巩固阶段采用的是利用性 FDI，有利于企业市场知识的积累与已有技术能力的利用，在全球整合阶段，采用的是双元性 FDI，有助于企业技术能力的系统提升与赶超。因此，该研究从国际双元演进视角加深了我们对技术追赶的理解，弥补了超越追赶机制研究的不足。

其次，拓展了对双元动态性的理解。Raisch 等（2009）、Birkinshaw 和 Gupta（2013）、O'Reilly 和 Tushman（2013）认为，为加深对双元性的理解，应在一个较长时期内对双元性的动态性进行考察。对进入超越追赶阶段的 EMME，首先基于战略资产的寻求动机进行探索性 FDI，然后利用已培育的技术能力到新兴市场进行利用性 FDI，最后整合发挥两种 FDI 的优势。这一发现对后发企业技术追赶活动进行了详细的划分，使双元性具有动态性，深化了我们在技术追赶情境下对国际双元动态演化规律的理解。

相关研究结论也可为后发企业通过构建国际双元来实现超越追赶提供经验启示。后发企业在成长为全球领先者的过程中，需要利用成熟技术在全球进行大规模生产，如在不同国家建立生产与制造基地，也需要到海外探索行业新兴技术进行新产品开发，如在发达国家建立海外研发中心。后发企业有些产品技术先进，有些产品技术并不先进，成功转型的关键在于要综合考虑追赶阶段、技术能力和不同产品组合，在追赶进程中会交替运用不同的国际双元模式把握战略机会窗口，最终实现追赶甚至超越。

第8章 从次序到共时：海伦钢琴超越追赶案例研究

8.1 概　　述

现有追赶理论认为，后发企业成功追赶的关键是要抓住由技术轨道变迁或市场需求变化带来的机会窗口，但机会窗口出现提供的战略机遇对所有的后发企业都是相同的，为什么只有部分企业能够及时抓住这种稍纵即逝的历史机遇并实现成功追赶（朱瑞博等，2011）？双元性理论在研究后发企业技术追赶中提供了独特的视角。双元性指组织在同一时间内追逐两个彼此相异甚至相互矛盾的目标（March，1991；Tushman and O'Reilly，1996）。与发达国家相比，中国处于转型经济体的独特情境中，中国本土企业的双元性特征尤其明显，它们的追赶和成长通常采用双重战略模式来调和多重悖论（Prange，2012；Luo and Rui，2009）。双元战略虽为中国企业如何在相互冲突又快速变化的环境中有效实现追赶提供了可能的解释，但在理论上后发企业如何通过双元战略实现技术追赶以及双元战略在追赶过程的动态演化问题仍未澄清。因此本章的研究问题是：在不同的机会窗口下，后发企业如何通过双元战略的转换实现技术追赶？本章通过海伦钢琴1986～2019年的纵向案例研究，揭示后发企业通过构建不同的双元战略进而实现从追赶到超越追赶的过程，识别追赶过程中企业双元战略的演化模式，为后发企业如何在复杂而又冲突的环境中有效实现追赶提供新的解释。

8.2 文　献　回　顾

8.2.1 机会窗口与后发企业追赶

后发企业指面临技术劣势和市场壁垒的发展中国家内企业（Hobday，1995）。随着经济全球化的发展，新兴经济体的逐步崛起，后发企业技术追赶的研究视角不断丰富，同时学者从多种情境下关注后发企业技术追赶。在解释后发企业技术追赶现象时，Perez和Soete（1988）首次引入机会窗口概念。新技术范式转变使得新进入企业可用较低水平突破技术进入壁垒，并提供机会实现追赶或强化企业在市场中的位置作用。Alexander（1962）认为后发企业具有资源、劳动力等特定资源优势，且同领先企业相比具有低成本的后发学习优势，这两个方面均有利于其对追赶机会窗口的把握。

随着后发企业技术追赶研究的深入，越来越多的学者开始关注机会窗口的驱动因素。Mathews（2002）指出市场需求条件与商业周期的变化为后发企业提供了追赶的机会窗口。Lee 和 Malerba（2017）总结了三种类型的机会窗口，即新技术或颠覆式创新带来的技术窗口，新市场、追赶企业本土市场突涨的需求或商业周期波动带来的需求窗口，以及政府政策和宏观制度变量带来的政策或制度窗口。吴晓波等（2019）通过两家中国安防行业后发企业追赶过程的纵向案例对比，探究了在以国内领先为目标的追赶阶段与以国际领先为目标的超越追赶阶段，机会窗口与企业创新战略的匹配关系对后发企业追赶绩效的作用机制，进一步发展了机会窗口理论。总体来看，现有机会窗口研究主要聚焦于行业宏观层面，鲜有文献聚焦机会窗口对企业层面的微观机制的研究，同时关注机会窗口与双元战略的研究更是匮乏。

8.2.2　次序型双元与共时型双元

自 Duncan（1976）提出双元性组织后，双元性已广泛运用到组织学习、战略变革、技术创新、知识搜索、知识创造等领域。Benner 和 Tushman（2003）从技术和市场两个维度定义了企业的利用与探索，其中利用性创新包括技术上的渐进性创新和为满足现有顾客的需要设计的创新，探索性创新则包括根本性创新和为新兴顾客或市场而进行的创新。Rothaermel 和 Alexandre（2009）以技术、组织为边界构建双元分析框架，技术边界是指已有技术和新技术，组织边界是指组织内外部。企业对已有技术知识的使用和改进（包括提升生产效率、降低技术知识使用过程中的不稳定性等）称为技术利用。企业通过获取新的技术知识、了解新兴的技术特征等来丰富企业的技术知识基础，进行新技术开发称为技术探索。Voss G 和 Voss Z（2013）以产品域和市场域作为两个作用域，考察了跨域战略双元对企业绩效的影响。

在双元的实现模式上，现有研究区分了次序型双元与共时型双元两种不同模式。组织有节奏地在探索和利用之间转换，最终两者在长期内达到一种间断式平衡为次序型双元。Duncan（1976）认为企业为了产生创新和实施创新，会在一定时期内不断调整组织结构，通过结构的转换，以一种序列的方式达到双元的效果。支持次序型双元的学者认为，利用性和探索性无法同时进行，两者存在时间差异，应该按顺序进行并实现平衡（Siggelkow and Levinthal，2003；Vermeulen and Barkema，2001）。共时型双元是指企业同时从事探索性和利用性活动。支持共时型双元的学者认为组织实行双元战略，既有在成熟市场竞争的能力，又有在新兴市场开发新产品和服务的能力，能够同时实施渐进性变革和根本性变革（O'Reilly and Tushman，2004；He and Wong，2004）。Raisch 等（2009）认为，双元战略的实施是一个适应性过程，而不是一次性的活动，双元战略模式与企业所处的具体环境密切相关，但企业在不同情境中如何选择双元模式仍存在不足。

8.3　研　究　设　计

本章采用纵向单案例方法进行研究设计。研究主题是关于后发企业如何通过双元战略的转换实现技术追赶，而案例研究适合回答"怎么样"和"为什么"的研究问题（Eisenhardt，1989），因此非常适合采取案例研究方法。另外，纵向案例设计通过长时期追踪同一研究对象，能更深刻地了解案例的成长过程，保证研究的深度，得出的结论能加深对同类案例的理解（Yin，2014）。

8.3.1　案例选择

本章选择海伦钢琴作为案例企业，主要理由如下。

（1）遵循极端性和启发性原则（Pettigrew，1990）。海伦钢琴成立于1986年，依靠钢琴零配件起家，在短短几年内实现了从钢琴零配件加工、核心部件码克制造到钢琴整机规模化生产的业务结构升级，随后又用12年的时间实现了系列钢琴、精品钢琴、智能钢琴的三步走规划。海伦钢琴是全国第一个获得认可的国家文化产业示范基地和重点出口企业，钢琴销售量在全国位居第二，全球第四，是钢琴制造行业的领军企业之一。海伦钢琴通过30多年的追赶，充分利用行业内的机会窗口，逐步实现了从零配件加工到整琴制造再到智能钢琴的升级，非常适合技术追赶的研究主题。

（2）遵循数据充足性原则。我们充分考虑了案例企业信息的可信度和充裕度，海伦钢琴作为上市公司，公开信息充足，且研究人员与海伦钢琴同在一个地理地区并保持着良好的联系，同一城市的地理位置便利性更易实地考察和获取调研信息。

8.3.2　数据收集

通过多个访谈者与多来源数据的"三角验证"对研究数据进行交叉验证（Yin，2014），提高研究的信度和效度。数据来源有三种：①海伦钢琴高层管理者的半结构化访谈；②海伦钢琴的项目报告、募集资金用途、招股说明书与年报等档案文件；③文献资料，包括公司官网信息、海伦钢琴相关媒体报道等。

　　数据收集过程主要分成两个阶段。第一阶段，与中高层管理者的半结构化访谈。由于地缘关系，研究人员所在学校与案例企业存在良好的合作关系。每次访谈都确保有三人以上团队成员参与，以便增强数据之间的相互验证。在访谈之前，为了保证访谈内容与本章主题的一致性，研究人员针对所确定的核心问题列出访谈提纲；在访谈中，针对案例企业所涉及的产品及市场，对不同职务类型的访谈人员设计了相应的问题（表 8.1）；在访谈结束后，研究人员在 24 小时内将访谈录音转为文字，并对所获取的访谈信息进行验证，核对不同受访者对问题回答的一致性程度。第二阶段，研究人员基于企业的档案文件和文献资料梳理出案例企业的市场与技术发展历程。对于访谈过程中存在分歧和不足的数据，通过二手资料进行验证和补充。通过档案资料获得的编为 S1，文献资料获得的编为 S2。

表 8.1　案例企业半结构访谈信息及编码

职务	访谈内容	时长	编码
董事长	公司发展历程、顶层设计战略、转型变革、领导者理念等	80 分钟	M1
董事会秘书	战略执行、转型变革等	60 分钟	M2
车间主任	引进专家、技术革新等	70 分钟	M3
总经理	智能钢琴技术限制、解决方案等	100 分钟	M4
艺术培训学校负责人	市场开发、艺术培训学校的运营模式等	55 分钟	M5

8.3.3　构念测度

　　在收集数据和已有文献不断比较的基础上进一步强化构念的界定与衡量，最终确定以下适合构念的测度方式，具体如表 8.2 所示。

　　（1）机会窗口。借鉴 Lee 和 Malerba（2017）、吴晓波等（2019）从行业创新系统角度对机会窗口的分类方法，从访谈记录中了解到制度机会窗口对案例企业的追赶作用并不明显，因此主要从技术和需求两个方面来测度机会窗口。当新技术或突破式创新出现时对于企业来说即技术机会窗口，当本地或国外用户产生新需求时即需求机会窗口。

　　（2）双元战略。双元战略指追赶进程中后发企业在技术域和市场域实施探索与利用两种不同战略的行为，因此从技术域和市场域两个视角分别测度利用和探索。①技术探索与技术利用：如果企业用新的技术范式研发新的产品，则属于技术探索；如果企业是在已有知识技术的基础上研发新产品，则属于技术利用。②市场探索与市场利用。如果企业开拓新的市场、建立新的销售渠道，则属于市场探索；如果企业在原有市场上细分市场或者增加销售渠道，则属于市场利用。根据技术域和市场域探索与利用的不同组合，确定企业是探索性战略、利用性战略或者双元战略。确定企业不同时期究竟是次序型双元还是共时型双元。如果在一段较长时期内企业从探索性战略转向利用性战略或者从利用性战略转为探索性战略，则为次序型双元战略模式；如果探索性战略与利用性战略同时发生且二者并重，则为共时型双元模式。

（3）技术追赶绩效。选取代表性产品的新颖度和专利申请数来共同测度技术追赶结果。首先，从产品的获奖情况以及官方评价来度量钢琴的产品新颖度，分为国内先进、国内领先、国际先进三个等级。其次，通过中国专利信息网查找海伦钢琴在1986～2019年的专利申请数据，最后，综合上述两项技术指标与行业中的领先企业比较，确定企业的技术追赶结果。

表 8.2　变量测度与特征表达

变量	测度	特征表达
机会窗口	技术	新技术或突破式创新的出现
	需求	本地或国外市场用户新需求
企业战略	技术探索	企业新技术知识
	技术利用	改善现有知识
	市场探索	新目标市场、新销售渠道、建立自主品牌
	市场利用	细分市场、增加销售渠道
技术追赶绩效	产品新颖度	国内先进、国内领先、国际先进等
	专利申请数	发明、实用新型、外观设计

8.3.4　数据分析

数据分析分为三个步骤。第一，将数据整理为历史事件库（van de Ven and Huber，1990）。把收集来的各类数据按年代整理，同时对纵向案例进行阶段划分。第二，梳理不同时期海伦钢琴发生的重大事件，找到其在不同机会窗口下采用的双元战略模式。第三，根据涌现的理论与现有文献的比较，进一步进行数据收集、数据分析以及构念之间的反复交叠，并借助表格进行分析以逐步明确所涌现的理论模式，最终使理论得以完善（Eisenhardt，1989）。

8.4　案例发现

8.4.1　案例情况

海伦钢琴前身是创立于 1986 年的宁波市北仑钢琴配套厂，早期主要从事钢琴零部件加工，目前主要从事传统钢琴的研发、制造、销售与服务，同时开展智能钢琴的研发，以及艺术教育培训产业扩展等。海伦钢琴发展的里程碑事件如表 8.3 所示。

表 8.3　海伦钢琴发展的里程碑事件

年份	事件
1986	宁波市北仑钢琴配套厂成立
2001	宁波海伦乐器制品有限公司成立
2002	发明核心零部件码克，组建了国内领先的码克生产流水线
2003	整琴制造 与文德隆品牌合作
2004	成为 ODM 合作伙伴，国际知名企业原始制造商 被认定为国家级重点高新技术企业，并先后组建浙江省及宁波市钢琴制造工程技术中心，为行业首例
2005	海伦钢琴进入维也纳金色大厅演奏，成为中国第一架进入维也纳金色大厅的演奏钢琴，并永驻金色大厅
2006	丹麦王室选用海伦钢琴作为其御用钢琴 国家质量监督检验检疫总局正式授予海伦钢琴生产的 HAILUN 牌钢琴为中国名牌产品 接受中国乐器标准化中心委托，与珠江钢琴等共同修订《钢琴》国家标准
2008	立式钢琴系列化生产 钢琴被法国 *Diapason* 杂志在钢琴类"金音叉"大奖上评为音乐品质、声音、手感、感情色彩、踏板、外观 6 颗星（国际最高级别奖项）
2009	海伦钢琴荣膺国家级文化产业示范基地、国家文化出口重点企业
2010	海伦钢琴被国家轻工业乐器质量监督检测中心认定为中国钢琴音乐性能鉴定的参照样琴，成为行业标尺
2011	研发精品钢琴 承继文德隆品牌所有权
2012	在深圳证券交易所成功上市 开始专注于智能钢琴和互联网教育深入研发与拓展
2014	成立海伦艺术教育投资有限公司、北京海伦网络信息科技有限公司，提供在线教育
2016	与迪士尼共同研发海伦•迪士尼系列钢琴 "6+1"智能钢琴教室产品面市
2017	智能钢琴 Ipiano1 研发成功
2019	与中央音乐学院合作共同开发课程

20 世纪 90 年代中后期，生产钢琴五金件所获得的利润薄弱，厂长陈海伦计划研发钢琴核心部件。2001 年，经过多年的积累与准备，宁波海伦乐器制品有限公司成立，当时公司的主营业务是向美国、欧洲、日本及国内主要知名钢琴厂家提供钢琴的各种零部件。2002 年 6 月 19 日海伦钢琴股份有限公司正式成立。在德国法兰克福展上，海伦钢琴生产的核心零部件码克获得了国外许多著名钢琴公司的认可，逐渐打开了海伦钢琴从生产核心零部件到生产整琴的道路。2003 年，海伦钢琴决定制造整琴，开始研发试制立式钢琴。经过技术人员的协力合作，第一个自有钢琴型号 HL121 试制成功，并很快投入生产。2004 年，三角钢琴的研发与生产也纳入计划。由此开始，海伦钢琴正式进入系列化钢琴的研发与制造，并打造了多个精品钢琴。例如，2008 年 HAILUN 牌钢琴被法国 *Diapason* 杂志在钢琴类"金音叉"大奖上评为音乐品质、声音、手感、感情色彩、踏板、外观 6 颗星（国际最高级别奖项）；2010 年公司生产的 H-3P123 型立式钢琴、HG178 型三角钢琴被国家轻工业乐器质量监督检测中心作为对钢琴音乐性能鉴定的参照样琴；2011 年初，HAILUN 牌钢琴被美国 *The Piano Book* 列入世界钢琴质量排名消费级钢琴品牌最高级别，为仅有的两个入选该级别的中国自主品牌之一。2012～2014 年，海伦钢琴连续三年在北美斩获 MMR 奖项。2015 年，海伦钢琴荣获终身成就奖。2016 年，海伦钢琴还率先开启国内自主品牌钢琴与动漫联手，与迪士尼共同研发海伦·迪士尼系列钢琴，扩大品牌影响力。

随着智能技术的发展，海伦钢琴也开始进行智能化转型。2014 年，海伦钢琴成立海伦艺术教育投资有限公司、北京海伦网络信息科技有限公司，以传统钢琴生产为基础，开拓智能钢琴及艺术教育产业。2017 年，海伦钢琴推出第一款智能钢琴产品 Ipiano1。目前，海伦钢琴是国内钢琴行业第一家被文化部（现为文化和旅游部）命名的国家文化产业示范基地，是全国乐器标准化中心钢琴国家标准（GB/T 10159—2008）的起草和修订者之一。2018 年，海伦钢琴实现营业收入 5.27 亿元，净利润 5451.27 万元，成为国内销量第二、全球销量第四的钢琴制造企业，2007～2018 年的销售额保持持续高速增长，具体如图 8.1 所示。

8.4.2 阶段划分

纵向案例的阶段划分主要根据导致关键变量发生剧变的时间节点（江诗松等，2011a）。根据表 8.3 海伦钢琴的里程碑事件，可将海伦钢琴追赶过程分为三个阶段，1986～2006 年为初创阶段，2007～2011 年为转型阶段，2012～2019 年为超越阶段。1986 年，海伦钢琴引进国外先进技术和设备生产钢琴核心零部件码克，码克的发明为海伦整琴制造奠定了基础。2006 年，国家质量监督检验检疫总局授予 HAILUN 牌钢琴为中国名牌产品，海伦钢琴正式进入自主品牌生产。2007 年，海伦钢琴在整琴制造的基础上，开始朝钢琴个性化、精美化方向发展。海伦钢琴的立式钢琴、三角钢琴系列品质达到国内各类品牌钢琴的最高水平。2012 年，受互联网和艺术教育发展浪潮的影响，海伦钢琴开始研发智能钢琴，实现了传统钢琴与网络信息技术以及艺术教育培训相结合的新模式，是整个钢琴行业的重大革新。

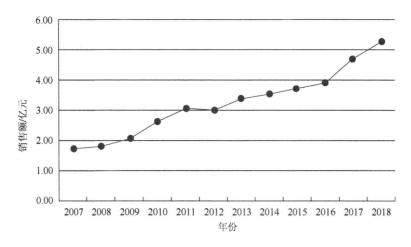

图 8.1　海伦钢琴 2007～2018 年的销售额

8.5　案 例 讨 论

8.5.1　初创阶段（1986～2006 年）

海伦钢琴的前身是宁波市北仑钢琴配套厂，于 1986 年在宁波北仑区成立，主要生产钢琴零配件。1999 年，厂长陈海伦在参加德国法兰克福乐器展时，发现中国钢琴制造与国外差距悬殊。"同样的一根钢丝钉，我卖 4 毛钱，人家却要卖 4 块钱，凭什么？他们的东西到底比我们好在哪里？当时我反思了一把，想明白了一个道理：技术含量产生的经济效益是非常可观的。"（M1）中国钢琴制造窘困的现状，催生出我国对高技术含量钢琴的需求。然而，钢琴品质的好坏与码克有着重要联系，作为钢琴声波震动引发共鸣的部分，码克质量的好坏直接影响钢琴的音色、稳定性。当时国内码克生产技术远远不如日本、美国和德国等国家，仅有极少厂商能够生产出质量好的码克。为了克服码克生产设备、技术上的困难，2001 年海伦钢琴投资 4000 多万元引进日本全数控高科技钢琴专用设备和生产线，并引进了当时世界最先进的数控加工技术、五轴联动技术，进行钢琴音板的加工，联合设备厂家共同开发双工位数控钻孔设备，设计建立了从打孔机、背架、铣背刀最终装配的全套数控系统，用全数控定位孔技术保障钢琴整体的稳定和标准化。海伦钢琴还聘请美国设计大师爱姆森为总设计师、维也纳整音权威大师斯宾、维也纳钢琴制作大师彼特、日本钢琴专家江间·茂及法国巴黎音乐学院钢琴教授史密斯为技术顾问。2002年8月，第一台码克研发成功。

　　2003年的法兰克福乐器展上，海伦钢琴生产的码克吸引了奥地利百年品牌文德隆的注意。当时文德隆因为欧洲高昂的人工成本，一年的钢琴产量不超过1000台，因此产生了对中国钢琴企业的合作需求。不久，文德隆就开始委托海伦钢琴加工整琴业务。最初，海伦钢琴把码克卖给了上海一家钢琴生产企业，但产品经常达不到文德隆的要求。既然能生产出这么好的码克，那为什么自己不干脆生产组装钢琴呢？随后，成立了钢琴制造工程技术中心，引进国内外设计、调律等技术人才以及生产、测试等先进专业设备。公司共投资3500万元进行成品钢琴项目的探索研制与开发，聘请维也纳百年制作钢琴大师彼特来公司指导组装工艺，从而实现了日本的高科技数控加工模式与欧洲先进组装工艺的完美结合。公司开始研发试制第一个型号钢琴HL121立式钢琴。经过技术控制中心技术人员与生产车间技术人员的协力合作，海伦品牌的第一个自有钢琴型号HL121试制成功并投入生产。2005年2月开始生产三角钢琴，同年生产制造的三角钢琴便向欧洲出口多达560台。

　　2003年，海伦钢琴申请注册了"海伦HAILUN"钢琴品牌。起初无论在销售经验、渠道建设还是品牌方面均没有优势，因此利用文德隆的名气和销售渠道进行贴牌生产，合作一段时间以后，海伦钢琴便坚持在自己贴牌的"文德隆"钢琴上打上商标即"文德隆·海伦"，产品也顺利打开欧洲、日本、美国等国际市场。凭借自身积累的实力，海伦钢琴相继与德国贝希斯坦、捷克佩卓夫等国际知名钢琴企业合作，成为他们的原始制造商。海伦钢琴在欧洲市场主打"海伦"和"文德隆"两个品牌，在美国市场上成立专门的销售公司，主打自主品牌海伦牌钢琴。2005年，海伦钢琴开始自建销售网络，在音乐之都维也纳与欧洲总代理商合作开发了"奥地利-中国海伦钢琴城"，并将钢琴销售扩展到国内市场。2006年底，海伦钢琴成功在全国95个大中城市建立海伦钢琴专卖店。

　　海伦钢琴初创阶段的典型引用语举例及编码结果如表8.4所示。在初创阶段，海伦钢琴通过技术探索和市场探索，完成了从零配件到钢琴核心部件再到整琴制造，从OEM贴牌生产到打造HAILUN自主品牌的转型。钢琴质量水平达到国内先进。从专利数量来看，这一阶段海伦钢琴仅产生一项发明专利。

表 8.4　海伦钢琴初创阶段的典型引用语举例及编码结果

构念	典型证据	关键词	编码结果
机会窗口	欧洲制造钢琴的人工成本高昂，文德隆欲寻求中国合作伙伴。M3 彼特是奥地利百年钢琴品牌"文德隆"的拥有者，其产品在欧洲市场上供不应求。S2	合作需求 市场供不应求	需求机会窗口
企业战略	公司在国内第一家采用定位孔联锁式工艺流程。S1 专业流水线的形成，彻底颠覆了国内传统的制琴模式，在国内钢琴制造行业开了先河。S2	国内第一家 彻底颠覆	技术探索
	2003 年，陈海伦以自己的名字注册了商标"海伦 HAILUN"牌。S2 2005 开始自建销售网络，也就是短短三到四年的时间就完成了这一次转型。M2	注册自主品牌 自建销售网络	市场探索
技术追赶 绩效	我这个码克流水线一做完以后，钢琴肯定是全中国最先进的。M1 截至 2006 年年底，公司累计申请发明专利 1 项。S1	全国最先进	国内先进

8.5.2　转型阶段（2007～2011 年）

随着居民收入水平的提高，日益增长的物质基础和提升生活水平的需要推动了对文化产品巨大的消费需求，钢琴等乐器开始朝精美化、个性化方向发展。海伦钢琴为了满足用户多样化的需求，每年投入占销售收入的 5%以上的研发费用，生产自主品牌钢琴。为了更进一步提高产品质量，与国际市场接轨，海伦钢琴先后引进了国内外先进的钢琴行业专用设备，并继续引进欧洲、日本钢琴顶尖制作大师共同开发的世界一流的软件。同时，海伦钢琴坚持以高标准要求乐器材料，每架钢琴出厂前进行三次检验、调整，进一步保证钢琴的品质。在拥有国内外专业设计人员和经验丰富的技工的基础上，海伦钢琴选用优质材料和运用科学的管理机制，生产的立式钢琴、三角钢琴在国际上得到了广泛好评。至 2008 年年底，海伦钢琴完成了立式钢琴系列化的研发和生产，形成了钢琴尺寸从 110cm 到 133cm、十几个品种、几十个花色型号的立式钢琴产品系列；至 2009 年，三角钢琴系列的研发和生产也基本实现，形成了钢琴尺寸从 150cm 到 277cm、十余个品种、二十多个花色型号的三角钢琴产品系列。2010 年，海伦钢琴作为中国钢琴音乐性能鉴定的参照样琴，成为行业标尺。"HAILUN"牌钢琴被美国 *The Piano Book* 列入世界钢琴质量排名消费级钢琴品牌最高级别，为仅有的两个入选该级别的中国自主品牌之一。2011 年，在整琴制造技术的基础上，海伦钢琴开始研发生产精品钢琴，确保产品品质达到国内各类品牌钢琴的最高水平。

前一阶段的市场探索为海伦钢琴将销售重心转移至国内打下基础。北京奥运会期间，一架造价上千万元的海伦钢琴作为"奥运会专用演奏钢琴"亮相"鸟巢"文化广场的文艺演出。"音乐会的营销模式让大家真切地听到我们钢琴的音色，留下深刻印象，事实比任何广告都有用（S2）。"海伦钢琴通过出资 110 万元赞助央视音乐频道的全国钢琴、小提琴大赛，在国内各音乐学院举办产品展示会，召开音乐会等举措，持续推广"海伦钢琴"的品牌。在销售模式上，海伦钢琴主要通过增加经销商数量，不断开拓客户群。海伦钢琴按照经销商的销售能力、经销点的需求量和消费水平等筛选标准确定各区域经销商，并按照东北、华北、华中、华东、华南、西北和西南等区域分设区域经理。海伦钢琴会制定可行的销售政策，对定价原则、信用标准和条件、收款方式及涉及销售业务的机构和人员的职责权限等相关内容作出明确规定，还为经销商提供全面的信息和技术支持，通过在年终考评时对任务完成较好的经销商给予更多优惠和额外奖励，不断提高经销商的积极性和忠诚度。自此，海伦钢琴的国内销售量以每年 30%以上的速度提高。经过长期的营销渠道建设，截至 2011 年，海伦钢琴已经在全国华东、华中、华南等区域拥有 246 家经销商。该阶段，海伦钢琴的销售网络已经覆盖了全部一线城市、大部分二线城市。2011 年年底，海伦钢琴生产和销售立式及三角钢琴共计八万余架，营业收入达到 3.03 亿元，净利润3582.04 万元。

海伦钢琴转型阶段的典型引用语举例及编码结果如表 8.5 所示。海伦钢琴在转型阶段，通过技术利用研发生产出精品钢琴，通过市场利用建立了较为完整的经销商体系。从整琴到精品钢琴，从外销为主到转向国内市场，海伦钢琴走出了一条独特的发展道路。可以说这一阶段的海伦钢琴已经达到了国内领先水平。从专利数量来看，海伦钢琴累计申请 20 项专利，其中包括 1 项发明专利，19 项实用新型专利。

表 8.5 海伦钢琴转型阶段的典型引用语举例及编码结果

构念	典型证据	关键词	编码结果
机会窗口	目前全国仅参加乐器考级人数达到上千万人。随着越来越多的人接受音乐教育和熏陶，对钢琴的消费需求在不断扩大。S1 居民收入水平提高推动钢琴消费快速增长，而日益坚实的物质基础和提升生活品质的需要催生出对文化产品的巨大消费需求。S2	消费需求扩大催生巨大消费需求	需求机会窗口
企业战略	为了更进一步提高产品质量，海伦钢琴先后引进了国内外先进的钢琴行业专用设备，并聘请欧洲、日本钢琴制作大师共同开发。M3 四踏板钢琴是在原有三踏板钢琴基础上增加一个和声功能的踏板，进行了有益的改良尝试。S2	在进一步提高产品质量的基础上改良	技术利用
	公司持续增加区域独家总经销商的数量，在突出和加强自主品牌产品销售的同时，积极开拓客户。S2	增加经销商开拓客户	市场利用

续表

构念	典型证据	关键词	编码结果
技术追赶绩效	H-3P123 型立式钢琴经国家轻工业乐器质量监督检测中心认定达到国内先进水平，并作为该中心对钢琴音乐性能鉴定的参照样琴。S1 作为全国唯一一家钢琴高新技术行业，生产的海伦牌钢琴与国际知名品牌的距离正在缩短。S2 截至 2011 年年底，公司累计申请发明专利 1 项，实用新型专利 19 项。S1	全国唯一一家	国内领先

8.5.3　超越阶段（2012～2019 年）

互联网时代，智能设备的高度普及给传统钢琴行业带来了转向智能钢琴的技术机会。与我国庞大的人口数量相比，学习钢琴人数仅占我国人口总数的 2%左右，这给海伦钢琴带来了新一轮的市场需求。

（1）海伦钢琴开始积极探索现有业务与艺术教育、互联网的融合发展。2012 年，海伦钢琴首次提出了"智能钢琴"的概念，并在 2014 年将产业链延伸至艺术教育，先后在宁波成立了全资子公司海伦艺术教育投资有限公司和北京海伦网络信息科技有限公司配合母公司的智能钢琴研发，为智能钢琴和在线教育提供软硬件与网络支持。海伦钢琴通过与北京邮电大学等高校签署框架合作协议，共同开发智能乐谱、在线教育平台等技术，结合智能钢琴为客户提供丰富的功能。在智能钢琴的研发过程中，海伦钢琴也攻克了各种技术阻碍。比如，市面上传统钢琴一般以机械检测键盘的轨迹，且国内做钢琴主板能力有限，海伦钢琴通过技术探索，成为国内最早做出光电检测和静音系统的钢琴企业并自主研发了钢琴主板。海伦钢琴以高薪酬聘请国内外工程师，花费长达一年多的时间找人录音进行音色处理，代替购买国外现成的录音放入钢琴的工艺流程。2017 年，海伦钢琴推出的智能钢琴 Ipiano1 融合了光学传感系统、128 级力度采集、跟灯弹奏系统、静音系统、海伦智能钢琴 APP（application，应用程序）等智能软件，其自带的智能跟灯、静音弹奏、录音、自动演奏、跟谱或跟曲智能陪练以及智能纠错、评分等多种功能，让所有年龄层次的消费群体都能在兴趣的基础上快速学习掌握钢琴技巧。Ipiano1 是海伦钢琴将传统声学钢琴与智能系统相结合所衍生的一款高品质钢琴，更是在数十年精湛制琴工艺基础上的全新尝试。在解决了光电检验、iOS 系统开发、钢琴主板以及音色处理等几大难题后，海伦钢琴将继续解决钢琴自动演奏的难题，推动智能钢琴进一步发展。

（2）海伦钢琴不断改进传统钢琴的结构，开发提高击弦机键盘灵敏度的结构、优化钢琴键盘以防变形、立式钢琴音板、三角琴背架张紧结构等提高产品的质量。

2016 年，海伦钢琴率先开启了国内自主品牌钢琴与动漫联手，与迪士尼共同研发海伦•迪士尼系列钢琴，首批推出两个数码钢琴型号（DH2F、DH2M），将迪士尼动漫形象米奇与米妮素材融入钢琴造型，深受广大消费者的喜爱，进一步扩大公司品牌知名度和影响力。

智能钢琴由于研发成本高，价格是传统钢琴的五倍以上，仅靠单一销售钢琴会面临发展瓶颈。文化产业要带动国民经济转型升级，文化产业自身也要加快转型升级的步伐，要延伸产业链条，开发新业态、新模式（S2）。考虑到提升钢琴的销量就要立足于艺术教育行业，而艺术教育行业能做大的上市公司却很少，海伦钢琴通过探索智能钢琴产品和线上线下艺术教育业务结合形成公司新的利润增长点。海伦钢琴组建了专门的营销团队负责智能钢琴的销售。针对孩子的钢琴启蒙教育，海伦钢琴设计了全新的钢琴教育模式"6＋1"智能钢琴教室，刺激智能钢琴销量。随着 5G 的影响和普及，"6＋1"教育将继续向各地进行推广。在传统钢琴的销售上，海伦钢琴继续通过代理商下的琴行进行钢琴销售。目前除海伦钢琴所在地宁波设置了多个经销点，其他地域均是一个经销点覆盖一个城市。海伦钢琴以举办经销商推荐会的形式，向各经销商推介新产品和创新技术亮点，同时结合网络营销宣传模式，快速传递公司新动态，增强营销广度和力度。该阶段，海伦钢琴的销售范围深入至国内二、三线城市区域。在线下网点销售的基础上，海伦钢琴积极推进线上电商平台同步运作。在京东、天猫等电商平台均设有内部员工管理的品牌旗舰店，以二手钢琴、低价电钢作为网络销售的主力。目前，海伦钢琴已是国内少数具有自主知识产权并进行规模化生产的品牌钢琴生产商之一，年产钢琴 2 万余架。这一阶段，海伦钢琴不仅具备完善的国内销售网络，海外市场的钢琴销售也持续推进。外销区域主要包括欧洲、美洲和亚太地区，其中代加工的钢琴品牌包括德国的罗瑟、贝希斯坦、弗尔希，出口量占总产量的不到 30%。2018 年，海伦钢琴总共出口钢琴 3200 台，外销额达 4.5 亿元。预测 2019 年海伦钢琴实现净利润 0.69 亿元，较 2018 年增长 26.58%。

海伦钢琴超越阶段的典型引用语举例及编码结果如表 8.6 所示。编码结果显示，从转型阶段到超越阶段，海伦钢琴面临从传统钢琴到智能钢琴的技术范式转换，以及钢琴等艺术教育需求的增加。海伦钢琴通过在技术和市场上的双元战略，拓展产业架构，研发智能创新产品，实现了从精品钢琴到智能钢琴的跨越式转变，组建了完善的国内外销售网络。可以说此阶段的海伦钢琴不论是在国内还是国外都具备了重要影响力，其钢琴产品性能从国内领先达到国际先进水平。从专利数量来看，海伦钢琴累计申请专利 77 项，其中发明专利 16 项，实用新型专利 50 项，外观设计专利 11 项，其自主创新能力显著提升。

表 8.6　海伦钢琴超越阶段的典型引用语举例及编码结果

构念	典型证据	关键词	编码结果
机会窗口	从传统钢琴到智能钢琴的转变带来的突破式技术不连续性。S1	技术范式转变	技术机会窗口
	每年按照新增人口比例来算，我国学钢琴的仅仅占比 2%，而欧洲占比 30%，意味着钢琴教育市场有很大的需求和增长空间。M5	市场需求大	需求机会窗口
企业战略	聘请美国的乔治·富兰克林·爱默生为海伦钢琴总设计师，建立子公司进行智能钢琴研发。S1 为了克服技术上的困难，找到了当时拥有丰富的互联网技术开发经验的北京邮电大学，与之共同开发智能乐谱、在线教育平台等技术。M4 主板是我们自己开发的。M4	自主研发	技术探索
	海伦钢琴根据市场对于钢琴品质的要求，不断改进传统钢琴的结构，开发提高击弦机键盘灵敏度的结构、优化钢琴键盘以防变形、立式钢琴音板、三角琴背架张紧结构等提高产品的质量。S1	改进优化提高质量	技术利用
	传统钢琴的营销方式与智能钢琴的营销方式是截然不同的，我们想要消费者知道，智能钢琴的销售更多是为了钢琴教育。目前海伦钢琴正在组建专门负责智能钢琴营销的营销团队。M5 目前我们正在推进"6+1"智能钢琴教室，这是智能化的钢琴教育新模式，主要针对孩子钢琴启蒙教育。S2	组建专门的营销团队新模式	市场探索
	在线下网点的基础上，海伦钢琴积极推进线上电商平台同步运作，拓展销售渠道。S1	拓展销售渠道	市场利用
技术追赶绩效	在全世界钢琴行业里边我就排到第四位。S1 海伦钢琴连续三年在北美斩获 MMR 奖项，2015 年，海伦钢琴荣获终身成就奖，更加强化了其在北美市场的王者地位。2017年，海伦钢琴产品再次力克众多世界知名钢琴品牌，斩获美国MMR 年度声学钢琴大奖。S2 截至 2019 年，公司累计申请发明专利 16 项，实用新型专利 50项，外观设计专利 11 项。S1	全球第四	国际领先

8.6　结　　论

8.6.1　主要结论

综合表 8.4～表 8.6，表 8.7 展示了海伦钢琴技术追赶过程中在机会窗口下企业双元战略模式动态演化的全过程。

表 8.7　海伦钢琴双元战略模式动态演化全过程

时间		初创阶段 （1986～2006 年）	转型阶段 （2007～2011 年）	超越阶段 （2012～2019 年）
机会窗口		需求机会窗口	需求机会窗口	技术机会窗口 需求机会窗口
企业战略	技术	技术探索	技术利用	技术探索 技术利用

续表

时间		初创阶段 (1986~2006 年)	转型阶段 (2007~2011 年)	超越阶段 (2012~2019 年)
企业战略	市场	市场探索	市场利用	市场探索 市场利用
	双元模式	探索性战略	利用性战略	技术双元战略、市场双元战略
		次序型双元战略		共时型双元战略
技术追赶 绩效	申请专利数	1	20	77
	产品新颖程度	国内先进	国内领先	国际先进

在初创阶段，海伦钢琴研制出了钻头、红外线双工位数控钻孔设备，组建出了先进码克生产流水线，完成了从零配件到核心零部件再到整琴的研发（技术探索），从早期的贴牌生产进入国外市场，到 2005 年开始构建销售网络，开拓国内市场（市场探索），企业战略为探索性战略模式，具体组合为技术探索—市场探索。在转型阶段，海伦钢琴利用行业内成熟的整琴制造技术，引进国外制琴大师共同进行精品钢琴的系列化生产（技术利用），提升品牌影响力以巩固国内的中高端市场（市场利用），企业战略为利用性战略模式，具体组合为技术利用—市场利用。在超越阶段，海伦钢琴开始了传统钢琴与智能钢琴并驾齐驱的策略。一方面海伦钢琴不断拓展销售渠道（市场利用），调整传统钢琴的结构和质量，增加三角钢琴、立式钢琴的型号（技术利用），另一方面涉足互联网和艺术教育培训领域（市场探索），成立全资子公司北京海伦网络信息科技有限公司进行智能钢琴研发（技术探索），此时企业的战略即为双元战略。从表 8.7 可以发现，初创阶段，企业选择了技术探索—市场探索的探索性战略。到转型阶段，企业积累了一定的技术能力和市场能力，选择了技术利用—市场利用的利用性战略。而在超越阶段，企业同时采取技术探索—市场探索的探索性模式和技术利用—市场利用的利用性模式。从专利数量来看，海伦钢琴从初创阶段仅有 1 个发明专利到超越阶段的 77 个专利，产品新颖度从国内先进转向国际先进水平，表明海伦钢琴的技术追赶绩效不断提升。

基于中国后发企业的技术和市场双重追赶情境，本章从企业价值链的技术域和市场域出发，构建了在两个域内探索与利用的不同组合所形成的战略模式，并探讨了不同追赶阶段企业战略模式的动态演进规律；基于技术追赶技术环境和市场环境的不同，后发企业会采用利用性战略、双元性战略、探索性战略三种不同的战略模式。初创阶段，在需求机会窗口的作用下，后发企业市场资源匮乏，市场探索性创新战略有利于形成长期最优稳定状态（March，1991）。在转型阶段，随着对新技术、新市场的持续探索，考虑到对技术的吸收程度和速度，后发企业会采取立足于现有业务和营销网络的利用性战略。从一开始的探索性转变为后来的利用性，后发企业在跨阶段上实现了探索与利用次序平衡。超越阶段，在技术和需求机会窗口的共同作用下，伴随着技术范式的转变，后发企业需要采用技术探索性战略获取新的技术资源（Sydow et al.，2009），探索性的市场战略可以迅速开拓市场。而企业不断改善的传统产品在这一阶段已具有成熟的销售网络，市场利用性创新战略有利于提高对现有资源的利用效率，对现有资源的深耕可实现投入—收益的最大化（Lavie et al.，2010）。企业整合探索性、利用性战略的优势，选择共时型双元。从长期来看，这表明后发企业从初始的次序型双元战略转换为后期的共时型双元战略，随着企业双元战略模式的及时转换，后发企业技术追赶绩效也得到了持续提升。

8.6.2　贡献与启示

本章研究丰富了后发追赶理论。技术追赶与企业双元战略的实施有着密切的关系。对于后发企业而言，企业技术追赶是从次序型双元转变为共时型双元的过程。后发企业会根据窗口类型与不同追赶阶段所掌握的资源和能力选择合适的战略（吴晓波等，2019）。在初创阶段采用探索性战略，有助于获得先进的技术知识与创新能力，转型阶段采用利用性战略，有利于企业市场知识的积累与已有技术能力的利用。在超越阶段，后发企业采用共时型双元战略，有助于企业技术能力的系统提升与赶超。

相关研究结论对于后发企业成功实现追赶具有重要的实践意义。首先，后发企业在追赶过程中需要重视机会窗口，及时发现和把握技术、需求、制度三类不同机会窗口带来的发展机遇。其次，随着外部环境的日益全球化、动态化和竞争化，相互矛盾的需求不断加剧（Smith and Lewis，2011），后发企业需要构建双元战略来利用稍纵即逝的机会窗口。最后，对于后发企业来说，在不同的阶段面对的追赶目标、挑战和冲突是不一样的，因此后发企业的双元战略模式应是一个动态演进的过程，企业在追赶的过程中必须不断调整双元战略以适应变化的技术体制和市场环境的需要，才有可能实现持续的市场与技术的双重追赶。

参 考 文 献

陈爱贞，刘志彪，吴福象，2008. 下游动态技术引进对装备制造业升级的市场约束——基于我国纺织缝制装备制造业的实证研究[J]. 管理世界，（2）：72-81.

陈晓玲，郭斌，郭京京，等，2017. 技术梯度、市场梯度与制造业产业追赶绩效[J]. 科学学研究，35（7）：982-994.

程聪，谢洪明，池仁勇，2017.中国企业跨国并购的组织合法性聚焦：内部，外部，还是内部+外部？[J].管理世界，（4）：158-173.

符正平，彭伟，刘冰，2011. 基于跨时视角的联盟组合过程研究与概念框架构建[J]. 外国经济与管理，33（1）：59-65.

郭磊，周燕芳，蔡虹，2016. 基于机会窗口的后发国家产业追赶研究——中国智能手机产业的案例 [J]. 管理学报，13（3）：359-365.

郭重庆，2011. 中国管理学者该登场了[J]. 管理学报，8（12）：1733-1736.

黄江明，李亮，王伟，2011. 案例研究：从好的故事到好的理论——中国企业管理案例与理论构建研究论坛（2010）综述[J]. 管理世界，（2）：118-126.

黄艳，陶秋燕，孟猛猛，2017. 社会网络，资源拼凑与新创企业的创新绩效[J]. 技术经济，36（10）：31-37.

江诗松，龚丽敏，魏江，2011a. 转型经济背景下后发企业的能力追赶：一个共演模型——以吉利集团为例[J]. 管理世界，（4）：122-137.

江诗松，龚丽敏，魏江，2011b. 转型经济中后发企业的创新能力追赶路径：国有企业和民营企业的双城故事[J]. 管理世界，（12）：96-115.

江诗松，龚丽敏，魏江，2012. 后发企业能力追赶研究探析与展望[J]. 外国经济与管理，34（3）：57-64.

焦豪，魏江，崔瑜，2008. 企业动态能力构建路径分析：基于创业导向和组织学习的视角[J]. 管理世界，（4）：91-106.

李新春，2006. 战略联盟、网络与信任[M]. 北京：经济科学出版社.

李子青，2007. 智能视频监控技术——自主创新引领未来[J]. 中国安防，（3）：50-55.

凌鸿，赵付春，邓少军，2010. 双元性理论和概念批判性回顾与未来研究展望[J]. 外国经济与管理，（1）：25-33.

刘洋，魏江，江诗松，2013. 后发企业如何进行创新追赶？——研发网络边界拓展的视角[J]. 管理世界，（3）：96-110.

刘毅，2007. IVS：引领视频监控进入智能化初级阶段[J]. 中国公共安全（市场版），（9）：50-59.

路风，2016. 光变：一个企业及其工业史[M]. 北京：当代中国出版社.

路风，慕玲，2003. 本土创新，能力发展和竞争优势——中国激光视盘播放机工业的发展及其对政府作用的政策含义 [J]. 管理世界，（12）：57-82.

罗珉，马柯航，2013. 后发企业的边缘赶超战略[J].中国工业经济，（12）：91-103.

罗珉，赵红梅，2009. 中国制造的秘密：创新+互补性资产[J]. 中国工业经济，（5）：46-56.

罗仲伟，任国良，焦豪，等，2014. 动态能力、技术范式转变与创新战略——基于腾讯微信"整合"与"迭代"微创新的纵向案例分析[J]. 管理世界，（8）：152-168.

毛基业，李晓燕，2010. 理论在案例研究中的作用——中国企业管理案例论坛（2009）综述与范文分析[J]. 管理世界，（2）：106-113.

毛蕴诗，汪建成，2009. 在华跨国公司战略选择与经营策略问题研究[J]. 管理科学学报，（2）：117-125.

彭新敏，干晨静，黄海婷，2019. 双元学习与中国后发企业的技术追赶：国际化程度的调节效应[J]. 宁波大学学报（人文社科版），32（2）：88-93.

彭新敏，孙元，2011. 联盟成员组织学习平衡模式实证研究综述与展望[J]. 外国经济与管理，33（10）：26-32.

彭新敏，吴东，郑刚，2016. 全球制造网络中后发企业的持续升级：一个双元性视角[J]. 科研管理，37（1）：145-152.

彭新敏，吴晓波，吴东，2011. 基于二次创新动态过程的企业网络与组织学习平衡模式演化——海天1971～2010纵向案例研究 [J]. 管理世界，（4）：138-149，166.

彭新敏，姚丽婷，2019. 机会窗口、动态能力与后发企业的技术追赶[J]. 科学学与科学技术管理，40（6）：68-82.

彭新敏，张帆，2019. 技术变革、次序双元与后发企业追赶[J]. 科学学研究，37（11）：2016-2025.

彭新敏，郑素丽，吴晓波，等，2017. 后发企业如何从追赶到前沿?——双元性学习的视角[J]. 管理世界，（2）：142-158.

苏芳，毛基业，谢卫红，2016. 资源贫乏企业应对环境剧变的拼凑过程研究[J]. 管理世界，（8）：137-149.

孙金云，2011. 一个二元范式下的战略分析框架[J]. 管理学报，8（4）：524.

孙锐，周飞，2017. 企业社会联系、资源拼凑与商业模式创新的关系研究[J]. 管理学报，（12）：79-86.

孙喜，2014. 产品开发与产业升级——中国车用柴油机工业的历史教训[J]. 产业经济研究，（3）：11-21.

陶锋，李诗田，2008. 全球价值链代工过程中的产品开发知识溢出和学习效应——基于东莞电子信息制造业的实证研究[J]. 管理世界，（1）：115-122.

田志龙，李春荣，蒋倩，等，2010. 中国汽车市场弱势后入者的经营战略——基于对吉利，奇瑞，华晨，比亚迪和哈飞等华系汽车的案例分析[J]. 管理世界，（8）：139-152.

汪建成，毛蕴诗，邱楠，2008. 由OEM到ODM再到OBM的自主创新与国际化路径——格兰仕技术能力构建与企业升级案例研究[J]. 管理世界，（6）：148-155.

王凤彬，杨阳，2010. 构建两栖型跨国企业的FDI模式——以联想集团国际化为例[J]. 财贸经济，（9）：81-86.

王钦，2011. 技术范式，学习机制与集群创新能力——来自浙江玉环水暖阀门产业集群的证据[J]. 中国工业经济，（10）：141-150.

王文鉴，2017. 实践与探索：舜宇集团发展之路（上、下）[M]. 北京：机械工业出版社.

王毅，袁宇航，2003. 新产品开发中的平台战略研究[J]. 中国软科学，（4）：55-58.

吴东，吴晓波，2013. 技术追赶的中国情境及其意义[J]. 自然辩证法研究，（11）：45-50.

吴先明，苏志文，2014. 将跨国并购作为技术追赶的杠杆：动态能力视角[J]. 管理世界，（4）：146-164.

吴晓波，1995. 二次创新的周期与企业组织学习模式[J]. 管理世界，（3）：168-172.

吴晓波，付亚男，吴东，等，2019. 后发企业如何从追赶到超越？——基于机会窗口视角的双案例纵向对比分析[J]. 管理世界，（2）：151-167，200.

吴晓波，郭雯，苗文斌，2004. 技术系统演化中的忘却学习研究[J]. 科学学研究，22（3）：307-311.

吴晓波，马如飞，毛茜敏，2009. 基于二次创新动态过程的组织学习模式演进——杭氧 1996～2008 纵向案例研究[J]. 管理世界，（2）：152-164.

吴晓波，苗文斌，郭雯，2006. 应对技术范式转变挑战：知识管理动态模型[J]. 科学学研究，（5）：727-733.

谢洪明，章俨，刘洋，等，2019. 新兴经济体企业连续跨国并购中的价值创造：均胜集团的案例[J]. 管理世界，（5）：161-178.

谢伟，2006. 全球生产网络中的中国轿车工业[J]. 管理世界，（12）：67-87.

徐雨森，逯垚迪，徐娜娜，2014. 快变市场环境下基于机会窗口的创新追赶研究——HTC 公司案例分析[J]. 科学学研究，32（6）：927-936.

许庆瑞，吴志岩，陈力田，2013. 转型经济中企业自主创新能力演化路径及驱动因素分析——海尔集团 1984～2013 年的纵向案例研究[J]. 管理世界，（4）：121-134.

宣烨，孔群喜，李思慧，2011. 加工配套企业升级模式及行动特征——基于企业动态能力的分析视角[J]. 管理世界，（8）：102-114.

应瑛，刘洋，2015. 后发企业追赶理论：描述、引用与共词分析[J]. 科研管理，36（11）：11-20.

于开乐，王铁民，2008. 基于并购的开放式创新对企业自主创新的影响——南汽并购罗孚经验及一般启示[J]. 管理世界，（4）：150-159.

詹也，吴晓波，2012. 企业联盟组合配置战略与组织创新的关系研究——基于我国汽车行业的多案例研究[J]. 科学学研究，30（3）：466-473.

张国胜，2013. 技术变革、范式转换与我国产业技术赶超[J]. 中国软科学，（3）：53-65.

张米尔，田丹，2008. 从引进到集成：技术能力成长路径转变研究——"天花板" 效应与中国企业的应对策略[J]. 公共管理学报，5（1）：84-90.

张永伟，2011. 从追赶到前沿：技术创新与产业升级之路 [M]. 北京：中信出版社.

赵兴庐，张建琦，刘衡，2016. 能力建构视角下资源拼凑对新创企业绩效的影响过程研究[J]. 管理学报，13（10）：1518-1524.

郑刚，郭艳婷，罗光雄，等，2016. 新型技术追赶、动态能力与创新能力演化——中集罐箱案例研究[J]. 科研管理，37（3）：31-41.

朱瑞博，刘志阳，刘芸，2011. 架构创新、生态位优化与后发企业的跨越式赶超——基于比亚迪、联发科、华为、振华重工创新实践的理论探索[J]. 管理世界，（7）：69-97.

曾萍，刘洋，应瑛，2015. 转型经济背景下后发企业创新追赶路径研究综述——技术创新抑或商业模式创新？[J]. 研究与发展管理，27（3）：1-7.

Adler P S，Goldoftas B，Levine D I，1999. Flexibility versus efficiency？A case study of model changeovers in the Toyota production system[J]. Organization Science，10（1）：43-68.

Ahuja G，Lampert C M，2001. Entrepreneurship in the large corporation：A longitudinal study of how established firms create breakthrough inventions[J]. Strategic Management Journal, 22 (6-7): 521-543.

Alexander G, 1962. Economic Backwardness in Historical Perspective[M]. Boston: Harvard University Press.

Anand B N, Khanna T, 2000. Do firms learn to create value? The case of alliances[J]. Strategic Management Journal, 21 (3): 295-315.

Awate S, Larsen M M, Mudambi R, 2015. Accessing vs sourcing knowledge: A comparative study of R&D internationalization between emerging and advanced economy firms[J]. Journal of International Business Studies, 46 (1): 63-86.

Awate S, Larsen M M, Mudambi R, 2012. EMNE catch-up strategies in the wind turbine industry: Is there a trade-off between output and innovation capabilities? [J]. Global Strategy Journal, 2 (3): 205-223.

Baker T, Miner A S, Eesley D T, 2003. Improvising firms: Bricolage, account giving and improvisational competencies in the founding process[J]. Research Policy, 32 (2): 255-276.

Baker T, Nelson R E, 2005. Creating something from nothing: Resource construction through entrepreneurial bricolage[J]. Administrative Science Quarterly, 50 (3): 329-366.

Bandeira-de-Mello R, Fleury M T L, Aveline C E S, et al., 2016. Unpacking the ambidexterity implementation process in the internationalization of emerging market multinationals[J]. Journal of Business Research, 69 (6): 2005-2017.

Barney J, 1991. Firm resources and sustained competitive advantage[J]. Journal of Management, 17 (1): 99-120.

Baum J A C, Calabrese T, Silverman B S, 2000. Don't go it alone: Alliance network composition and startups' performance in Canadian biotechnology [J]. Strategic Management Journal, 21 (3): 267-294.

Benner M J, Tushman M L, 2003. Exploitation, exploration, and process management: The productivity dilemma revisited[J]. Academy of Management Review, 28 (2): 238-256.

Bicen P, Johnson W H A, 2015. Radical innovation with limited resources in high - turbulent markets: The role of lean innovation capability[J]. Creativity and Innovation Management, 24 (2): 278-299.

Birkinshaw J, Gupta K, 2013. Clarifying the distinctive contribution of ambidexterity to the field of organization studies[J]. Academy of Management Perspectives, 27 (4): 287-298.

Birkinshaw J, Zimmermann A, Raisch S, 2016. How do firms adapt to discontinuous change? [J]. California Management Review, 58 (4): 36-58.

Boumgarden P, Nickerson J, Zenger T R, 2012. Sailing into the wind: Exploring the relationships among ambidexterity, vacillation, and organizational performance[J]. Strategic Management Journal, 33 (6): 587-610.

Brouthers K D, Brouthers L E, Werner S, 2003. Transaction cost-enhanced entry mode choices and firm performance[J]. Strategic Management Journal, 24 (12): 1239-1248.

Brouthers K D, 2002. Institutional, cultural and transaction cost influences on entry mode choice and performance[J]. Journal of International Business Studies, 33 (2): 203-221.

Brown S L, Eisenhardt K M, 1997. The art of continuous change: Linking complexity theory and time-paced evolution in relentlessly shifting organizations[J]. Administrative Science Quarterly, 7 (2): 1-34.

Burgelman R A, 2002. Strategy as vector and the inertia of coevolutionary lock-in[J]. Administrative Science Quarterly, 47 (2), 325-357.

Campbell D T, 1960. Blind variation and selective retention in creative thought as in other knowledge processes[J]. Psychological Review, 67 (6): 380-400.

Capaldo A, 2007. Network structure and innovation: The leveraging of a dual network as a distinctive relational capability [J]. Strategic Management Journal, 28 (6): 585-608.

Castrogiovanni G J, 1991. Environmental Munificence: A Theoretical Assessment[J]. Academy of Management Review, 16 (3): 542-565.

Chandy R K, Tellis G J, 2000. The incumbent's curse? Incumbency, size, and radical product innovation [J]. Journal of Marketing, 64 (3): 1-17.

Choi Y, Cui L, Li Y, et al., 2019. Focused and ambidextrous catch-up strategies of emerging economy multinationals[J]. International Business Review, 10.1016/j.ibusrev.2019.01.002.

Chou C, Yang K P, Chiu Y J, 2018. Managing sequential ambidexterity in the electronics industry: Roles of temporal switching capability and contingent factors[J]. Industry and Innovation, 25 (8): 752-777.

Choung J Y, Hwang H R, Song W, 2014. Transitions of innovation activities in latecomer countries: An exploratory case study of South Korea [J]. World Development, 54 (1): 156-167.

Christensen C M, 1992. Exploring the limits of the technology s-curve. Part I: Component technologies[J]. Production and Operations Management, 1 (4): 334-357.

Christensen C M, 1997. The Innovator's Dilemma[M]. Cambridge, Mass: Harvard Business School Press.

Chung K F, Leckie M J, Brinke A T, et al., 2000. Effects of an interleukin-5 blocking monoclonal antibody on eosinophils, airway hyper-responsiveness, and the late asthmatic response [J]. Lancet, 356 (9248): 2144-2148.

Darr E D, Kurtzberg T R, 2000. An investigation of partner similarity dimensions on knowledge transfer [J]. Organizational Behavior and Human Decision Processes, 82 (1): 28-44.

Das T K, Teng B S, 1998. Between trust and control: Developing confidence in partner cooperation in alliances [J]. Academy of Management Review, 23 (3): 491-512.

Datta D K, Puia G, 1995. Cross-border acquisitions: An examination of the influence of relatedness and cultural fit on shareholder value creation in US acquiring firms[J]. Management International Review: 337-359.

Desa G, Basu S, 2013. Optimization or bricolage? Overcoming resource constraints in global social entrepreneurship[J]. Strategic Entrepreneurship Journal, 7 (1): 26-49.

Domenico M L D, Haugh H, Tracey P, 2010. Social bricolage: Theorizing social value creation in social enterprises[J]. Entrepreneurship Theory and Practice, 34 (4): 681-703.

Dosi G. 1982. Technological paradigms and technological trajectories: A suggested interpretation of the determinants and directions of technical change[J].Research Policy, 11 (3): 147-162.

Duncan R B, 1976. The ambidextrous organization: Designing dual structures for innovation[J]. The Management of Organization, 1 (1): 167-188.

Dutrénit G, 2004. Building technological capabilities in latecomer firms: A essay renew [J]. Science Technology and Society, 9 (2): 209-241.

Eggers J P, Park K F, 2018. Incumbent adaptation to technological change: The past, present, and future of research on heterogeneous incumbent response [J]. Academy of Management Annals, 12 (1): 357-389.

Eisenhardt K M, Martin J A, 2000. Dynamic capabilities: What are they?[J]. Strategic Management Journal, 21 (10-11): 1105-1121.

Eisenhardt K M, Graebner M E, 2007. Theory building from cases: Opportunities and challenges[J]. Academy of Management Journal, 50 (1): 25-32.

Eisenhardt K M, 1989. Building theories from case study research [J]. Academy of Management Review, 14 (4): 532-550.

Ernst D, Kim L, 2002. Global production networks, knowledge diffusion, and local capability formation [J]. Research Policy, 31 (8-9): 1417-1429.

Figueiredo P N, 2014. Beyond technological catch-up: An empirical investigation of further innovative capability accumulation outcomes in latecomer firms with evidence from Brazil [J]. Journal of Engineering and Technology Management, 31 (1): 73-102.

Floyd S W, Lane P J, 2000. Strategizing throughout the organization: Managing role conflict in strategic renewal[J]. Academy of Management Review, 25 (1): 154-177.

Foster R N, 1986. Working the s-curve: Assessing technological threats[J]. Research Management, 29 (4): 17-20.

Fu X, 2015. China's Path to Innovation [M]. Cambridge: Cambridge University Press.

Gao X D, 2014. A latecomer's strategy to promote a technology standard: The case of Datang and TD-SCDMA [J]. Research Policy, 43 (3): 597-607.

Geerts A, Blindenbach-Driessen F, Gemmel P, 2010. Achieving a balance between exploration and exploitation in service firms: A longitudinal study[J]. Academy of Management, 12 (1): 1-6.

George G, Zahra S A, Wheatley K K, et al., 2001. The effects of alliance portfolio characteristics and absorptive capacity on performance: A study of biotechnology firms [J]. Journal of High Technology Management Research, 12 (2): 205-226.

Gerschenkron A, 1962. Economic backwardness in historical perspective[A]//Gerschenkron A. Economic backwardness in historical perspective: A book of essays [C]. Cambridge, MA: The Belknap Press of Harvard University Press, 5-30.

Gibson C B, Birkinshaw J, 2004. The antecedents, consequences, and mediating role of organizational ambidexterity[J]. Academy of Management Journal, 47 (2): 209-226.

Glaser B G, Strauss A L, 1967. The Discovery of Grounded Theory: Strategies for Qualitative Research[M]. Chicago: Aldire.

Goerzen A, Beamish P W, 2005. The effect of alliance network diversity on multinational enterprise performance [J]. Strategic Management Journal, 26 (4): 333-354.

Gulati R, Puranam P, Tushman M, 2009. Strategy and the design of organizational architecture[J].

Strategic Management Journal, 30 (5): 575-576.

Gulati R, 1995. Does familiarity breed trust? The implications of repeated ties for contractual choice in alliances [J]. Academy of Management Journal, 38 (1): 85-112.

Guo L, Yue M, Zhang M, et al., 2019. Seizing windows of opportunity by using technology-building and market-seeking strategies in tandem: Huawei's sustained catch-up in the global market [J]. Asia Pacific Journal of Management, 36 (3): 849-879.

Gupta A K, Smith K G, Shalley C E, 2006. The interplay between exploration and exploitation[J]. Academy of Management Journal, 49 (4): 693-706.

Halme M, Lindeman S, Linna P, 2012. Innovation for inclusive business: Intrapreneurial bricolage in multinational corporations[J]. Journal of Management Studies, 49 (4): 743-784.

Han M, 2007. Achieving superior internationalization through strategic ambidexterity[J]. Journal of Enterprising Culture, 15 (1): 43-77.

He Z L, Wong P K, 2004. Exploration vs. exploitation: An empirical test of the ambidexterity hypothesis[J]. Organization Science, 15 (4): 481-494.

Hess A M, Rothaermel F T, 2011. When are assets complementary? Star scientists, strategic alliances, and innovation in the pharmaceutical industry[J]. Strategic Management Journal, 32 (8): 895-909.

Hoang H A, Rothaermel F T, 2010. Leveraging internal and external experience: Exploration, exploitation, and R&D project performance[J]. Strategic Management Journal, 31 (7): 734-758.

Hobday M, Rush H, Bessant J, 2004. Approaching the innovation frontier in Korea: The transition phase to leadership[J]. Research Policy, 33 (10): 1433-1457.

Hobday M, 1995. East Asian latecomer firms: Learning the technology of electronics[J]. World Development, 23 (7): 1171-1193.

Hoskisson R E, Wright M, Filatotchev I, et al., 2013. Emerging multinationals from mid - range economies: The influence of institutions and factor markets[J]. Journal of Management Studies, 50 (7): 1295-1321.

Hsu C W, Lien Y C, Chen H, 2013. International ambidexterity and firm performance in small emerging economies[J]. Journal of World Business, 48 (1): 58-67.

Inkpen A C, 2000. A note on the dynamics of learning alliances: Competition, cooperation, and relative scope [J]. Strategic Management Journal, 21 (7): 775-779.

Jiang R J, Tao Q T, Santoro M D, 2010. Alliance portfolio diversity and firm performance[J]. Strategic Management Journal, 31 (10): 1136-1144.

Jick T D, 1979. Mixing qualitative and quantitative methods: Triangulation in action[J]. Administrative Science Quarterly, 24 (4): 602-611.

Kim L, 1997. Imitation to Innovation: The Dynamics of Korea's Technological Learning[M]. Boston: Harvard Business Press.

Kogut B, Chang S J, 1991. Technological capabilities and Japanese foreign direct investment in the United States [J]. Review of Economics and Statistics, 73 (3): 401-413.

Kogut B, Singh H, 1988. The effect of national culture on the choice of entry mode [J]. Journal of International Business Studies, 19 (3): 411-432.

Kogut B, 1989. Research notes and communications a note on global strategies [J]. Strategic Management Journal, 10 (4): 383-389.

Krug J A, Harvey Hegarty W, 2001. Predicting who stays and leaves after an acquisition: A study of top managers in multinational firms[J]. Strategic Management Journal, 22 (2): 185-196.

Kuhn T S, 1970. The Structure of Scientific Revolutions [M]. Chicago: University of Chicago Press.

Kumaraswamy A, Mudambi R, Saranga H, et al., 2012. Catch-up strategies in the Indian auto components industry: Domestic firms' responses to market liberalization[J]. Journal of International Business Studies, 43 (4): 368-395.

Laamanen T, Wallin J, 2009. Cognitive dynamics of capability development paths[J]. Journal of Management Studies, 46 (6): 950-981.

Lall S, 1992. Technological capabilities and industrialization[J]. World Development, 20 (2): 165-186.

Lamin A, Livanis G, 2013. Agglomeration, catch-up and the liability of foreignness in emerging economies[J]. Journal of International Business Studies, 44 (6): 579-606.

Landini F, Lee K, Malerba F, 2017. A history-friendly model of the successive changes in industrial leadership and the catch-up by latecomers[J]. Research Policy, 46 (2): 431-446.

Lane P J, Lubatkin M, 1998. Relative absorptive capacity and inter-organizational learning [J]. Strategic Management Journal, 19 (5): 461-477.

Langley A N N, Smallman C, Tsoukas H, et al., 2013. Process studies of change in organization and management: Unveiling temporality, activity, and flow [J]. Academy of Management Journal, 56 (1): 1-13.

Langley A, 1999. Strategies for theorizing from process data[J]. Academy of Management Review, 24 (4): 691-710.

Larsson R, Finkelstein S, 1999. Integrating strategic, organizational, and human resource perspectives on mergers and acquisitions: A case survey of synergy realization[J]. Organization Science, 10 (1): 1-26.

Lavie D, Kang J, Rosenkopf L, 2011. Balance within and across domains: The performance implications of exploration and exploitation in alliances[J]. Organization Science, 22 (6): 1517-1538.

Lavie D, Miller S R, 2008. Alliance portfolio internationalization and firm performance [J]. Organization Science, 19 (4): 623-646.

Lavie D, Rosenkopf L, 2006. Balancing exploration and exploitation in alliance formation[J]. Academy of Management Journal, 49 (4): 797-818.

Lavie D, Stettner U, Tushman M L, 2010. Exploration and exploitation within and across organizations [J]. The Academy of Management Annals, 4 (1): 109-155.

Lee K, Lim C S, 2001. Technological regimes, catching-up and leapfrogging: Findings from the Korean industries [J]. Research Policy, 30 (3): 459-483.

Lee K, Malerba F, 2017. Catch-up cycles and changes in industrial leadership: Windows of opportunity and responses of firms and countries in the evolution of sectoral systems [J]. Research Policy, 46 (2): 338-351.

Levinthal D A, March J G, 1993. The myopia of learning[J]. Strategic Management Journal, 14(S2): 95-112.

Lévi-Strauss C, 1966. The Savage Mind[M]. Chicago: University of Chicago Press.

Li Y, Peng M W, Macaulay C D, 2013. Market-political ambidexterity during institutional transitions [J]. Strategic Organization, 11 (2): 205-213.

Luo Y, Rui H, 2009. An ambidexterity perspective toward multinational enterprises from emerging economies[J]. Academy of Management Perspectives, 23 (4): 49-70.

Luo Y, Tung R L, 2007. International expansion of emerging market enterprises: A springboard perspective[J]. Journal of International Business Studies, 38 (4), 481-498.

March J G, 1991. Exploration and exploitation in organizational learning[J]. Organization Science, 2 (1): 71-87.

Markides C C, Ittner C D, 1994. Shareholder benefits from corporate international diversification: Evidence from US international acquisitions[J]. Journal of International Business Studies, 25 (2): 343-366.

Mathews J A, 2002. Competitive advantages of the latecomer firm: A resource-based account of industrial catch-up strategies[J]. Asia Pacific Journal of Management, 19 (4): 467-488.

Meyers P W, 1990. Non-linear learning in large technological firms: Period four implies chaos[J]. Research Policy, 19 (2): 97-115.

Miles M B, Huberman A M, 1994. Qualitative Data Analysis: An Expanded Sourcebook[M]. California: Sage.

Mu Q, Lee K, 2005. Knowledge diffusion, market segmentation and technological catch-up: The case of the telecommunication industry in China [J]. Research Policy, 34 (6): 759-783.

Nelson R R, Winter S G, 1982. An Evolutionary Theory of Economic Change [M]. Cambridge: Harvard University Press.

Nickerson J A, Zenger T R, 2002. Being efficiently fickle: A dynamic theory of organizational choice[J]. Organization Science, 13 (5): 547-566.

O'Reilly C A, Tushman M L, 2013. Organizational ambidexterity: Past, present, and future[J]. Social Science Electronic Publishing, 27 (4): 324-338.

O'Reilly R C, Tushman M L, 2004. The ambidextrous organization. [J]. Harvard Business Review, 82 (4): 74-81.

Oshri I, Shan L P, Newell S, 2005. Trade-offs between knowledge exploitation and exploration activities[J]. Knowledge Management Research and Practice, 3 (1): 10-23.

Ozcan P, Eisenhardt K M, 2009. Origin of alliance portfolios: Entrepreneurs, network strategies, and firm performance [J]. Academy of Management Journal, 52 (2): 246-279.

Park S H, Ungson G R, 2001. Interfirm rivalry and managerial complexity: A conceptual framework of alliance failure [J]. Organization Science, 12 (1): 37-53.

Parkhe A, 1991. Interfirm diversity, organizational learning, and longevity in global strategic alliances [J]. Journal of International Business Studies, 22 (4): 579-601.

Patel C, Husairi M A, 2018. Firm adaptation, preadaptation, and sequential ambidexterity in firm boundaries during an era of ferment and an era of incremental change[J]. Journal of Product

Innovation Management, 35 (3): 330-349.

Patton M Q, 1987. How to use Qualitative Methods in Evaluation [M]. California: Sage.

Peng M W, 2012. The global strategy of emerging multinationals from China[J]. Global Strategy Journal, 2 (2): 97-107.

Perez C, Soete L, 1988. Catching up in technology: Entry barriers and windows of opportunity [A]// Dosi G, Nelson R, Silverberg G, et al. Technical Change and Economic Theory [C]. London: Printer: 458-479.

Perkmann M, Spicer A, 2014. How emerging organizations take form: The role of imprinting and values in organizational bricolage[J]. Organization Science, 25 (6): 1785-1806.

Pettigrew A M, 1990. Longitudinal field research on change: Theory and practice[J]. Organization Science, 1 (3): 267-292.

Pfeffer J, Salancik G R, 1978. The External Control of Organizations [M]. New York: Harper & Row.

Plowman D A, Baker L T, Beck T E, et al., 2007. Radical change accidentally: The emergence and amplification of small change[J]. Academy of Management Journal, 50 (3): 515-543.

Powell W W, Koput K W, Smith D L, 1996. Inter-organizational collaboration and the locus of innovation: Networks of learning in biotechnology [J]. Administrative Science Quarterly: 116-145.

Prange C, 2012. Ambidextrous internationalization strategies: The case of Chinese firms entering the world market[J]. Organizational Dynamics, 41 (3): 245-253.

Raisch S, Birkinshaw J, Probst G, et al., 2009. Organizational ambidexterity: Balancing exploitation and exploration for sustained performance[J]. Organization Science, 20 (4): 685-695.

Ravishankar M N, Gurca A, 2015. A bricolage perspective on technological innovation in emerging markets[J]. IEEE Transactions on Engineering Management, 63 (1): 53-66.

Romanelli E, Tushman M L, 1994. Organizational transformation as punctuated equilibrium: An empirical test[J]. Academy of Management Journal, 37 (5): 1141-1166.

Rothaermel F T, Alexandre M T, 2009. Ambidexterity in technology sourcing: The moderating role of absorptive capacity[J]. Organization Science, 20 (4): 759-780.

Rothaermel F T, Deeds D L, 2004. Exploration and exploitation alliances in biotechnology: A system of new product development [J]. Strategic Management Journal, 25 (3): 201-221.

Senyard J, Baker T, Steffens P, et al., 2014. Bricolage as a path to innovativeness for resource-constrained new firms[J]. Journal of Product Innovation Management, 31(2): 211-230.

Shimizu K, Hitt M A, Vaidyanath D, et al., 2004. Theoretical foundations of cross-border mergers and acquisitions: A review of current research and recommendations for the future[J]. Journal of International Management, 10 (3): 307-353.

Siggelkow N, Levinthal D A, 2003. Temporarily divide to conquer: Centralized, decentralized, and reintegrated organizational approaches to exploration and adaptation[J]. Organization Science, 14 (6): 650-669.

Siggelkow N, 2007. Persuasion with case studies [J]. Academy of Management Journal, 50 (1): 20-24.

Simsek Z, Heavey C, Veiga J F, et al., 2009. A typology for aligning organizational ambidexterity's conceptualizations, antecedents, and outcomes[J]. Journal of Management Studies, 46 (5): 864-894.

Simsek Z, 2009. Organizational ambidexterity: Towards a multilevel understanding[J]. Journal of Management Studies, 46 (4): 597-624.

Smith W K, Lewis M W, 2011. Toward a theory of paradox: A dynamic equilibrium model of organizing [J]. Academy of Management Review, 36 (2): 381-403.

Stenholm P, Renko M, 2016. Passionate bricoleurs and new venture survival[J]. Journal of Business Venturing, 31 (5): 595-611.

Stettner U, Lavie D, 2014. Ambidexterity under scrutiny: Exploration and exploitation via internal organization, alliances, and acquisitions[J]. Strategic Management Journal, 35 (13): 1903-1929.

Strauss A, Corbin J, 1998. Basics of Qualitative Research Techniques[M]. California: Sage .

Sydow J, Schreyögg G, Koch J, 2009. Organizational path dependence: Opening the black box[J]. Academy of Management Review, 34 (4): 689-709.

Teece D J, Pisano G, Shuen A, 1997. Dynamic capabilities and strategic management[J]. Strategic Management Journal, 18 (7): 509-533.

Teece D J, 2007. Explicating dynamic capabilities: The nature and microfoundations of (sustainable) enterprise performance[J]. Strategic Management Journal, (13): 1319-1350.

Tripsas M, 1997. Unraveling the process of creative destruction: Complementary assets and incumbent survival in the typesetter industry[J]. Strategic Management Journal, 18 (S1): 119-142.

Tsui A S, 2004. Contributing to global management knowledge: A case for high quality indigenous research [J]. Asia Pacific Journal of Management, 21 (4): 491-513.

Tushman M L, Anderson P, 1986. Technological discontinuities and organizational environments[J]. Administrative Science Quarterly, 31 (3): 439-465.

Tushman M L, 2004. The ambidextrous organization[J]. Harvard Business Review, 82 (4): 74-81, 140.

Tushman M, Murmann J P, 1998. Dominant designs, technology cycles, and organizational outcomes[J]. Research in Organizational Behavior, 20: 231-266.

Tushman M L, O'Reilly C A, 1996. Ambidextrous organizations: Management evolutionary and revolutionary change [J]. California Management Review, 38 (4): 8-30.

Tyre M J, Orlikowski W J, 1994. Windows of opportunity: Temporal patterns of technological adaptation in organizations[J]. Organization Science, 5 (1): 98-118.

Utterback J M, Abernathy W J, 1975. A dynamic model of process and product innovation [J]. Omega, 3 (6): 639-656.

van de Ven A H, Huber G P, 1990. Longitudinal field research methods for studying processes of organizational change [J]. Organization Science, 1 (3): 213-219.

Vanevenhoven J, Winkel D, Malewicki D, et al., 2011. Varieties of bricolage and the process of entrepreneurship[J]. New England Journal of Entrepreneurship, 14 (2): 53-66.

Vermeulen F, Barkema H, 2001. Learning through acquisitions[J]. Academy of Management Journal, 44 (3): 457-476.

Voss G，Voss Z，2013. Strategic ambidexterity in small and medium-sized enterprises：Implementing exploration and exploitation in product and market domains [J]. Organization Science，24（5）：1459-1477.

Welter C，Mauer R，Wuebker R J，2016 Bridging behavioral models and theoretical concepts：Effectuation and bricolage in the opportunity creation framework[J]. Strategic Entrepreneurship Journal，10（1）：5-20.

Wu L，Liu H，Zhang J，2017. Bricolage effects on new-product development speed and creativity：The moderating role of technological turbulence[J]. Journal of Business Research，70：127-135.

Xiao Y，Tylecote A，Liu J，2013. Why not greater catch-up by Chinese firms? The impact of IPR，corporate governance and technology intensity on late-comer strategies [J]. Research Policy，42（3）：749-764.

Xie W，Wu G，2003. Differences between learning processes in small tigers and large dragons：Learning processes of two color TV（CTV）firms within China [J]. Research Policy，32（8）：1463-1479.

Yan A，Gray B，1994. Bargaining power，management control，and performance in United States–China joint ventures：A comparative case study[J]. Academy of Management Journal，37（6）：1478-1517.

Yin R K，2014. Case Study Research：Design and Methods [M]. 5th ed. California：Sage.

Zimmermann A，Raisch S，Cardinal L B，2018. Managing persistent tensions on the frontline：A configurational perspective on ambidexterity[J]. Journal of Management Studies，55（5）：739-769.